青少年受益一生的
名人读书经验

◎总 主 编：汤吉夫
◎本书主编：侯德云
◎副 主 编：茅海行　彭　清
　　　　　　牛月琴　刘明武

九州出版社
JIUZHOUPRESS｜全国百佳图书出版单位

图书在版编目（CIP）数据

青少年受益一生的名人读书经验/侯德云主编. –北京：
九州出版社，2008.9（2021.7重印）

（青少年受益一生的励志书系/汤吉夫主编）

ISBN 978-7-80195-883-9

Ⅰ. 青… Ⅱ. 侯… Ⅲ. 读书方法—青少年读物
Ⅳ. G792-49

中国版本图书馆 CIP 数据核字（2008）第 147899 号

青少年受益一生的名人读书经验

作　　者	汤吉夫　总主编　侯德云　本册主编
出版发行	九州出版社
地　　址	北京市西城区阜外大街甲 35 号（100037）
发行电话	(010)68992190/2/3/5/6
网　　址	www.jiuzhoupress.com
电子信箱	jiuzhou@jiuzhoupress.com
印　　刷	北京一鑫印务有限责任公司
开　　本	710 毫米 × 1000 毫米　16 开
印　　张	10
字　　数	150 千字
版　　次	2008 年 10 月第 1 版
印　　次	2021 年 7 月第 7 次印刷
书　　号	ISBN 978-7-80195-883-9
定　　价	36.00 元

吃饭与读书（序）

　　人活着都是要吃饭的，不吃饭没法活，这是硬道理，傻子都懂的硬道理。但是，人活着，跟猪狗鸡鸭毕竟不同，光有饭吃还不行。这个世界几十亿人，大概没有多少光喂饭就能满足的，饿的时候都说，给口吃的就行，一旦吃上了这口，别的需求也就来了。要恋爱、结婚，跟人交往、沟通，要交朋友、挣钱、唱歌，一句话：要学习，得有精神生活。即便理想不高，就当个旧时代的农夫，也得有人教你怎样种地，如何喂牛套车，稍微有点精气神，就会想到出门赶集看戏，有的人还自己学着唱上两口。

　　精神生活，离不开书。

　　我们这个国家多灾多难，曾经有很长一段时间，老百姓每天除了吃，不想别的，因为多数时候，吃不饱。那年月，孩子进学校读书，除了课本，家长没钱，也不认为有需要给孩子买点课外的书，甚至孩子看课外书，还会遭到责骂。在家长看来，那些东西没用，上个学，识几个字，会算个账也就行了。在那个时代，众多平民百姓养孩子，跟养猪喂鸡没有多少区别。

　　后来的中国人，开始有点闲钱了，一对夫妻一个孩儿，宝贝多了，除了把孩子喂得营养过剩之外，也操心孩子的教育。即便如此，过去的思想境界依然左右着他们，家长们宁肯花大价钱，逼着孩子满世界进补习班，学钢琴，学奥数，学英语，学画画，学书法，学围棋，学一切听说可以提高素质的玩意儿，但就是没时间让孩子老老实实坐下来看本书。跟过去一样，众多的家长认为，课外书没用，耽误孩子学习。

　　就这样，在课本强化和补习班也强化的双重压力下长起来的一代又一代独生子女，有一半还没进大学，先折了，什么也考不上，除了打游戏，什么兴趣都没有；另一半考上的，进了大学不少人也开始放羊，加上大学这些年质量也在下降，因此，即便太太平平毕了业，进入社会，感觉身无长技、无所适从者至少要占一半以上。

这是一个没有人看书的时代。据有关部门统计，我们国家每年的出版物，教材要占到60％以上，剩下不足40％的出版物。还要扣除10％左右的教辅读物，也就是说，中国的书，绝大多数都是强迫阅读的，真正属于读者出于自己需求而主动阅读的书，不到整个出版量的20％，跟发达国家相比，正好倒过来。

现在国人最喜欢说的一个词，就是"素质"，但恰恰国人的素质，不敢恭维，一代代越来越不喜欢读书的后辈，素质更是每况愈下。

课本，给不了人素质，课外补习，也给不了人素质，素质的养成，要靠书，课外书。人生在世，不是活在真空里，什么事儿都可能碰上，要学会跟人打交道，更要学会跟自己打交道。如何待人处事，如何交友待客，如何跟人沟通、开展讨论，如何说服别人；进而如何开阔心胸、拓展视野、修炼心性、磨炼意志、增强自信，尤其是如何面对挫折和困境，保持自己良好的心态；再进一步，如何看待友谊，看待背叛，如何面对恋情，如何面对失败，如何面对财富，以及失去的财富，这一切的一切，都需要学，但是课本教不了你。课本里，有知识，有技能，但唯独难以陶冶你的性情，锻造你的心性。素质是一种软实力，一种可以凭借知识和技能无限放大的能量；如果一个人只有专业知识和技能，而缺乏相应的软实力，就像一台电脑，尽管性能良好，但缺乏必要的软件，也一样等于废物。

本人从教30多年，教过的学生不计其数，但从来没有见过哪怕一个不爱读书的学生日后有出息的。人的所有，差不多都是学来的，家庭可以教你，社会也可以教你，但一个有出息的人从中获益最多的，还是书本。从这个意义上说，学会了读书，就有了一切。吃饭是为了活着，但活着不能为了吃饭。一个人想要活得好，活得有滋有味，那么，就得把书当粮食来看。孔子闻韶乐，三月不知肉味，对于一个读书人来说，书就是韶乐，只有肉，没有书，肉也不香。不能说这样的人都有出息，但至少，这样的人才可能有点出息。

现在，许多家长都希望把自己的孩子培养成贵族。当然，我想这些家长们，不是想让自己的孩子住进欧洲的城堡，天天穿着燕尾服，只是希望孩子能有贵族的气质和教养。欧洲太远了，中国自宋代以后就没了贵族，但自古就有书香门第。一个家族，只要几代都有读书人，家藏有几柜子的书，就是读书人家，缙绅人家，这样的人家，教养、品位、知书达礼，所有的一切，不是血统的遗传，而是从世代的书香里来的。

　　读书要读好书，读能跟那些绝代的成功者、大师们对话的书。世界上存在过那么多杰出人士，他们的成功为世人仰慕，各有各的理由，个中道理，在他们的文章中有，但要靠仔细读了之后自己悟。没有机会追随大师的左右，经大师亲授，但只要读他们的文字，也可以升堂入室。众多的成功者、大师汇聚起来，变成一本不厚的书，摆在我们的眼前，《"读·品·悟"青少年受益一生的励志书系》就是这样的一套好书。古人云：开卷有益。

张　鸣

6 月 6 日 于北京

　　张鸣　1957 年生，浙江上虞人，中国人民大学政治学系教授、博士生导师。有《武夫当权——军阀集团的游戏规则》、《乡土心路八十年——中国近代化过程中农民意识的变迁》、《再说戊戌变法》、《乡村社会权力和文化结构的变迁（1903—1953）》、《近代史上的鸡零狗碎》、《大历史的边角料》等多部学术著作出版；另有《直截了当的独白》、《关于"两脚羊"的故事》、《历史的坏脾气》、《历史的底稿》、《历史空白处》等历史文化随笔陆续问世，引起巨大反响，其中《历史的坏脾气》荣登近几年畅销书排行榜。

目 录

CONTENTS

第 1 辑

把阅读当做人生大事

读书，可以在安定时为我们的生活锦上添花，可以在惶惑时为我们雪中送炭，可以在遭遇困顿的时候让我们的内心镇定而勇敢。

只有书籍，能把辽阔的空间和漫长的时间交付给你，能把一切高贵生命早已飘散的信号传递给你，能把无数的智慧和美好对比着愚昧和丑陋一起呈现给你。区区五尺之躯，短短几十年光阴，居然能经天纬地，驰骋古今，这种奇迹的产生，至少有一半要归功于阅读。

第 **2** 辑

我的精神家园

　　在书中寻找过去的影子,把记忆里留存的碎片——拾起,经过迷茫和孤独后,便会突然感到一种前所未有的宁静。那些快乐温暖的时光和不枝不蔓的深情,仿佛封存在东海龙王的水晶宫中,当回忆的阳光从书籍的纸面上折射过来,便重新纤毫毕现。

　　岁月已远去,但镌刻在童年读书时光里的书香,我们将永远不会忘记,因为那里是我们的精神家园。

第 3 辑

有书赶快读

　　和风煦暖的春日里,给自己空出一点时光,在暖暖的春阳下读书,任凭贵如金的春日时光慢慢挥洒,那是一种享受,更是一种幸福。

　　神游于书的世界,体味艺术的美妙与人生的感叹,待读到会心之处,抿嘴而笑,人生一世,"悦读"二字。拥有这样的信念,最完整、最纯粹的幸福便藏在书中。有书赶快读吧!

第 **4** 辑

读书意在修养

读书能改变我们生活的态度,让我们心态平和,摆脱急功近利的情绪;读书能丰富我们知识的储备,在不断地阅读中潜移默化地养就我们独特的气质,充盈我们生命的厚度;让我们明白,读书与一个人的理想,以及获得幸福的能力息息相关。

让我们在生命从容的时候带有欢欣,在生命困顿的时候面无惧色,这就是读书的最大用途。

第 5 辑

读书的方法

懂得读书的人,可以从一本书中读到很多东西。他们读到了书中有的东西,还读出了更多书中没有的东西。不懂得读书的人,他们对书中有的东西尚且挂一漏万,更无从读出书中没有的东西了。

读书的关键就在于你有没有掌握属于你自己的读书方法。读书犹如饮食,有的人狼吞虎咽,读破万卷,却往往吸收不好;有的人吃得很少,但注重营养,善于品读,便容易快乐而健康。

书籍就像朋友，在你不需要的时候，你感觉不到他们的存在；在你需要的时候，他们总是及时地来到你的身边，忠诚地守候在你生命的左右，随时宽慰、充实你的灵魂。

把阅读当做人生大事

读书，可以在安定时为我们的生活锦上添花，可以在惶惑时为我们雪中送炭，可以在遭遇困顿的时候让我们的内心镇定而勇敢。

只有书籍，能把辽阔的空间和漫长的时间交付给你，能把一切高贵生命早已飘散的信号传递给你，能把无数的智慧和美好对比着愚昧和丑陋一起呈现给你。区区五尺之躯，短短几十年光阴，居然能经天纬地，驰骋古今，这种奇迹的产生，至少有一半要归功于阅读。

作者简介 季羡林　1911 年生，山东清平(今临清市)人。著名语言学家、文学翻译家、作家，梵文、巴利文研究专家，北京大学教授。其一生致力于东方学，特别是印度学的研究工作，被誉为东方学大师。著述主要有《中印文化关系史论丛》、《印度简史》、《印度古代语言论集》、《原始佛教的语言问题》等，散文作品有《季羡林谈人生》、《牛棚杂忆》、《病榻杂记》等，翻译作品主要有印度史诗《罗摩衍那》。

青少年受益一生的 名人读书经验

天下第一好事，还是读书

□季羡林

　　古今中外赞美读书的名人和文章，多得不可胜数。张元济先生有一句简单朴素的话："天下第一好事，还是读书。""天下"而又"第一"，可见他对读书重要性的认识。

　　为什么读书是一件"好事"呢？

　　也许有人认为，这问题提得幼稚而又突兀。这就等于问"为什么人要吃饭"一样，因为没有人反对吃饭，也没有人说读书不是一件好事。

　　但是，我却认为，凡事都必须问一个"为什么"，事出都有因，不应当马马虎虎，等闲视之。现在就谈一谈我个人的认识，谈一谈读书为什么是一件好事。

　　凡是事情古老的，我们常常总说"自从盘古开天地"。我现在还要从盘古开天地以前谈起，从人类脱离了兽界进入人界开始谈。人成了人以后，就开始积累人的智慧，这种智慧如滚雪球，越滚越大，也就是越积越多。禽兽似乎没有发现有这种本领，一只蠢猪一万年以前是这样蠢，到了今天仍然是这样蠢，没有增加什么智慧。人则不然，不但能随时增加智慧，而且根据我的观察，增加的速度越来越快，有如物体从高空下坠一般。到了今天，达到了知识爆炸的水平。最近一段时间以来，"克隆"使全世界的人都大吃一惊。有的人竟忧心忡忡,不知这种技术发展"伊于胡底"(出自《诗经·小雅·小旻》:"我视谋犹,伊于胡底?"意为:到什么地步为止,形容结局不堪设想)。信耶稣教的人担心将来一旦"克隆"出来了人,他们的上帝将向何处躲藏。

人类千百年以来保存智慧的手段不出两端,一是实物,比如长城等;二是书籍,以后者为主。在发明文字以前,保存智慧靠记忆;文字发明了以后,则使用书籍。把脑海里记忆的东西搬出来,搬到纸上,就形成了书籍,书籍是贮存人类代代相传的智慧的宝库。后一代的人必须读书,才能继承和发扬前人的智慧。人类之所以能够进步,永远不停地向前迈进,靠的就是能读书又能写书的本领。我常常想,人类向前发展,有如接力赛跑,第一代人跑第一棒,第二代人接过棒来跑第二棒,以至第三棒、第四棒,永远跑下去,永无穷尽,这样智慧的传承也永无穷尽。这样的传承靠的主要就是书,书是事关人类智慧传承的大事,这样一来,读书不是"天下第一好事"又是什么呢?

但是,话又说了回来,中国历代都有"读书无用论"的说法,读书的知识分子,古代通称之为"秀才",常常成为取笑的对象,比如说什么"秀才造反,三年不成",是取笑秀才的无能。这话不无道理。在古代——请注意,我说的是"在古代",今天已经完全不同了——造反而成功者几乎都是不识字的痞子流氓,中国历史上两个马上皇帝,开国"英主",刘邦和朱元璋,都属此类。诗人只有慨叹"刘项原来不读书"。"秀才"最多也只有成为这一批地痞流氓的"帮忙"或者"帮闲",帮不上的,就只好慨叹"儒冠多误身"了。

但是,话还要再说回来,中国悠久的优秀的传统文化的传承者,是这一批地痞流氓,还是"秀才"?答案皎如天日。这一批"读书无用论"的现身"说法"者的"高祖"、"太祖"之类,除了镇压人民剥削人民之外,只给后代留下了什么陵之类,供今天搞旅游的人赚钱而已,他们对我们国家竟无贡献可言。

总而言之,"天下第一好事,还是读书"。

与你共享

书籍是人类宝贵的精神财富,是走向未来的基石;读书是文化传承的

书籍是朋友,虽然没有热情,但是非常忠实。

——[法]雨 果

通道,是人类进步的阶梯。通过书,我们可以站在巨人的肩膀上。从这个层面看,读书的意义并不限于阅读者个人的得失,还包括对先哲智慧和精神的传递。

(邱　敏)

作者简介 余秋雨　1946年生,浙江余姚人。著名艺术理论家、中国文化史学者、散文作家。出版中外艺术史论专著和散文集多部。代表作有《文化苦旅》、《山居笔记》、《行者无疆》、《千年一叹》、《文明的碎片》、《借我一生》等。

把阅读当做人生大事

□余秋雨

一、尽早把阅读当做一件人生大事

阅读的最大理由是想摆脱平庸。一个人如果在青年时期就开始平庸,那么今后要摆脱平庸就十分困难。

只有书籍,能把辽阔的空间和漫长的时间浇灌给你,能把一切高贵生命早已飘散的信号传递给你,能把无数的智慧和美好对比着愚昧和丑陋一起呈现给你。区区五尺之躯,短短几十年光阴,居然能驰骋古今,经天纬地,这种奇迹的产生,至少有一半要归功于阅读。

如此好事,如果等到成年后再来匆匆弥补就有点儿可惜了,最好在青年时就进入。

二、先找一些名著垫底

大学生的课外阅读,是走向精神成熟的起点,因而先要做一点儿垫底的工作。

　　垫什么样的底，就会建什么样的楼，因此尽量要把底垫得结实一点儿。时间少,要寻找一种省俭方式。最省俭的垫底方式,是选读名著。

　　名著因被很多人反复阅读,已成为当代社会词语的前提性素材。如果不了解名著,就会在文化沟通中产生严重障碍。名著和其他作品在文化方位上是不平等的,它们好像军事上的制高点,占领了它们,很大一片土地就不在话下了。对于专业之外的文化领地,我们没有时间去一寸一寸占领,攻取几个制高点就可以了。

三、名著读不下去也可以暂时放下

　　即使是一位熟悉的师长很有针对性地为我们开了一份必读书目,书目里的名著也有读不下去的时候。

　　读不下去就放下,不要硬读。这就是非专业阅读的潇洒之处。

　　这么有名的著作也放下?是的,放下。因为你与它没有缘分,或许说暂时无缘。

　　再有针对性的书目也只考虑到了你接受的必要性，而无法考虑到你接受的可能性。所谓可能,不是指阅读能力,而是指兴奋系统,这是你的生命秘密。别人谁也不清楚。

四、有一两个文化偶像不是坏事

　　在选读名著的过程中,最终会遇到几部名著、几位名家最与你情投意合。你着迷了,不仅反复阅读,而且还会寻找作者的其他著作,搜罗他们的传记,成为他们的崇拜者。我的一位朋友说他一听到辛弃疾的名字就会脸红心跳,我在读大学时对法国作家雨果也有类似的反应。这就是平常所说的偶像。

　　偶像的出现,是阅读的一个崭新阶段的开始。能够与一位世界级或国家级的文化名人魂魄与共,真是莫大的幸福。然而更深刻的问题在于:你为什么与他如此心心相印?不完全是由于他的学问、艺术和名声。有很多比他学问更高、手法更精、名声更大的人物却没有在你心底产生这样强烈

　　书籍是人类的编年史，它将整个人类积累的无数丰富的经验，世世代代传下去。
　　　　　　　　　　　　　　　　　　——[叙利亚]坎耶里

的感应。根本的理由也许是：你的生命与他的生命有某种同构关系，他是你精神血缘上的前辈姻亲。暗暗地认下这门亲，对你很有好处。

五、要把阅读范围延伸到专业之外

阅读专业书籍当然必要，主要是为了今后职业的需要。鲁迅说："这样的读书和木匠的磨斧头、裁缝的埋针线并没有什么分别，并不见得高尚，有时还很痛苦，很可怜。"

生命的活力，在于它的弹性。大学时代的生命弹性，除了运动和娱乐，更重要的体现为对世界整体的自由接纳和自主反应，这当然是超越专业的。

现在很多大学都发现了学生只沉陷于专业，并因此开设了通识教育课，这是一个很好的办法。但同样作为一门课程，通识教育也保留着某种难于克服的狭隘性和被动性。因此不管功课多重，时间多紧，自由的课外阅读不可缺少。更何况，时代的发展使每门专业的内在结构和外部界限发生了很大的变化，没有足够的整体视野，连专业都很难学好。

六、读书卡片不宜多做

读书有一个经常被传授的方法，那就是勤奋地做读书卡片。读到自己有兴趣的观点和资料，立即抄录在卡片上，几个月之后把一大堆卡片整理一番，分门别类地存放好，以后什么时候要用，只要抽出相关的一叠，自己也就可以获得一种有论有据、旁征博引的从容。

这种方法，对于专业研究、论文写作是有用的，但不适合青年学生的课外阅读。从技术上说，课外阅读的范围较大，又不针对某个具体问题，卡片无从做起，即使做了也没有太大用处，白白浪费了许多阅读时间。如果要摘录隽语佳句，不如买一本现成的《名人名言录》放在手边。

但技术上的问题还是小事。最麻烦的是，做卡片的方法很可能以章句贮藏取代了整体感受，得不偿失。一部好的作品是一个不可割裂的有机整体，即使撷取了它的眉眼，也失去了它的灵魂。

我不主张在课外阅读中做很多卡片，却赞成写一些读书笔记，概括全书的神采和脉络,记述自己的理解和感受。这种读书笔记,既在描述书,又在描述自己。每一篇都不要太长,以便将即时的感受提炼成见识。

七、青年人应立足于个人静读

青年人读了书,喜欢互相讨论。互相讨论能构建起一种兴趣场和信息场,单独的感受就流通起来了。

但是总的说来,阅读是个人的事。字字句句都要由自己的心灵去默默体会,很多最重要的感受无法诉诸言表。阅读的程序主要由自己的生命线索来连接,而细若游丝的生命线索是要小心翼翼地打理和维护的。这一切,都有可能被热闹所毁损。在同学间高谈阔论易生意气,而一有意气就会坠入片面,肤浅变得更加肤浅。

就像看完一部感人至深的电影,一个善于吸收的观众,总喜欢独个儿静静地走一会儿,慢慢体味着一个个镜头,一句句台词,咀嚼着艺术家埋藏其间的良苦用心,而不会像有些青年那样,还没有出电影院的门就热烈谈论开来了。在很多情况下,青年人竞争式的谈论很可能是一种耗散,面对越是精深雅致的作品可能越是这样。

八、有空到书店走走

大学生的阅读资源,主要来自图书馆。但是,我希望大家有空也到书店走走。书店当然比图书馆狭小得多,但它是很有意思的文化前沿。当代人的精神劳作有什么走向?这些走向与社会走向有什么关系?又被大众接受到什么程度?解答这些疑问的最好场所是书店。

崭新的纸页,鲜亮的封面,夸张的宣传,繁忙的销售,处处让你感受到书籍文明热气腾腾的创造状态。而创造,总是给人一种愉悦的力量。这种力量对读书人是一种莫名的滋养,使你在长久的静读深思之后舒展筋骨,浑身通畅。

你可以关注一下畅销书排行榜,判断一下买书的人群,然后,也准备为自己选几本书。在书店选书与在图书馆有所不同,对于重要的书,你会反复考虑永久拥有的必要性,于是在书架前进行了一次短短的自我拷问。你也许会较少犹豫地购买几本并不重要却有趣、可爱的新书,由此你对自己与书籍的奇异关系产生了某种疑问,这种疑问的每一个答案都让人开心。

与你共享

书就像一扇扇门,将它们慢慢打开,我们就可以看到一个个奇妙无比的世界。有书陪伴的日子是快乐的日子,有书充盈的王国是美丽的王国。书的墨香,让人感觉走进了阳春三月的花园——让我们变做蜜蜂吧,好在书香中忙碌地穿梭!

(邱 敏)

作者简介

张鸣 1957年生,浙江上虞人,中国人民大学政治学系教授、博士生导师。有《武夫当权——军阀集团的游戏规则》《乡土心路八十年——中国近代化过程中农民意识的变迁》《再说戊戌变法》《乡村社会权力和文化结构的变迁(1903-1953)》《近代史上的鸡零狗碎》《大历史的边角料》等多部学术著作出版;另有《直截了当的独白》《关于"两脚羊"的故事》《历史的坏脾气》《历史的底稿》《历史空白处》等历史文化随笔陆续问世,引起巨大反响,其中《历史的坏脾气》荣登近几年畅销书排行榜。

读书改变命运

□ 张 鸣

成长在"毒草"中

我看书比较早,八九岁就开始看比较大的书而不是小人书。我小时候也比较怪，一方面非常饥渴，特想看书；另一方面，当时的政治环境特影响你，一看就是"毒草"，看了觉得受不了。我记得看了《铁流》以后就感到特别纳闷，苏俄红军怎么是这样的，跟叫花子似的？跟我想象中的红军相差太远了，觉得不可思议，而且这书是鲁迅推荐的，就"啪"一下把书合上了。但还是想看，再翻过来，一个晚上就把它看完了。

在当时的情况下，搞到一本好书很不容易，所以都是如饥似渴地看，我看了很多世界名著。在小朋友中间，看书分几个档次：大多数人既然课不上了，什么都不看；还有一些人就是看《林海雪原》、《烈火金刚》、《平原枪声》等。这些书我也看，但很快就感觉不过瘾了。

我所在的黑龙江农场的中层干部大都是发配来的知识分子。他们都是读书人，家里有一定的藏书，我父母也是这个层次的人，家里也有点书，记得好像主要是苏联小说。有的家里被抄查之后，书还放在那儿，因为是边疆，政治运动没有搞得那么严酷。我们这些爱看书的小孩就把家里的书拿出来换着看，记得有个小孩的父亲原来是造反派头子，专抄人家，书都拿到他家去了，后来他也被抓走，我们就拿一点吃的东西，跟他家小孩换书看，因为他家书特别多。但是，当时我们看的书大多都没有皮儿，也不知道书名和作者。到后来改革开放以后，才发现《安娜·卡列尼娜》、《猎人笔记》，什么《红与黑》，我都看过了。到现在我还养成一个毛病，就是不大关心书名是什么，作者是谁。四大名著中，除了《红楼梦》是"文革"后期上中学看的之外，其余的三部都是"文革"正热闹的期间看的。可以说，看世界名著为我打下了基本的文学底子。

沉醉在乱读书中

大了一点之后，有几部书对我影响特别大。一个是林汉达的《东周列国故事新编》。作者也写过《中华两千年》。他是写通俗史的，但是很真实，文笔也很好。那时我十三四岁，在一个山沟里的中学读书，半天劳动，半天上课。那时的课也上得稀里糊涂，课本薄得可怜，也没有考试。我们老师大部分是知青，他们从北京和上海搞了很多旧书，其中就有这个。《东周列国故事新编》在我那里放了很长时间，我读得很仔细。所以后来看《左传》很轻松,因为大部分故事在《东周列国故事新编》里面都提过了,很多典故和成语都是从那里来的。接着又读了《楚辞》、《汉赋》等古典文学著作。这些书老师都不大会看。

我们语文老师家里有一套《沫若文集》,我向他借出来了。除了看他的诗集,我觉得他的戏剧也挺好看。什么《琥珀》,什么《孔雀胆》,什么《秦始皇》啊,都挺好玩的。这期间也看过高尔基的书,三部曲。中学的时候我特别想当作家。编过话剧剧本,写过相声、快板书,而且都在学校演出了。我写的诗歌也时常在学校朗诵,觉得自己很不得了。社科院编有一本《中国文学史》,中学后期我有计划地按照这里面的脉络自修。从汉赋开始,到唐诗、宋词、元曲,到骈体文都看了。中国古代文学,我基本上都过了一遍。那时候书少,少得可怜,搞到一本书,只要有工夫,就抄。中学时,我还抄过一本翻译过来的《美国政府机构》,大约 30 万字。同学们都抄小说,如张扬的《第二次握手》,还有什么梅花党之类的,因为读过名著,我对这些书看不上眼,觉得这是什么玩意儿呀。我看了《美国政府机构》这本书才第一次知道,美国政府的保卫工作是财政部负责的,国务卿是外交部长,大吃一惊。

刺痛在鲁迅作品中

真正对我产生很大影响的还是《鲁迅全集》。看这套书的时候是 1974年,我已经高中毕业,在农场放猪。因为没书看,难受得要命,我自己订阅了刚复刊的《历史研究》,还有上海的《学习与批判》,几乎看见有字的东西就不放过。《学习与批判》是"四人帮"的刊物,但是当时,我挺欣赏里面的文字。再后来,我发现我们连队还有图书室,图书室没什么书,但有一套 20本竖排的《鲁迅全集》。开始,管阅览室的人只让我一本一本借,后来,我感动了上帝,管理员允许我把它全部搬回,放在我那儿。

开始,我读的是鲁迅的小说,如《呐喊》、《彷徨》等。接着又看杂文,杂文看完了,后来又看《中国小说史略》、《汉文学史纲》什么的,最后又看他的译作。反正时间非常充裕,没有东西看,我就反复看鲁迅。放猪是在草甸子里面,四面是水,把猪赶进去,就可以看书了,谁也不来管你。就是脏一点,活儿不是太累。

我受鲁迅影响很大,后来看胡适,看周作人,觉得很好,但就是没有那种痛感,它不会那么深深地刺痛你,产生灵魂的共鸣。鲁迅的著作直指心灵和灵魂,这是别的书无法企及的。你能在心灵中跟他互动,体会到他对人生的挚爱和深深的绝望。我反复地看。有一段时间,凡是提鲁迅说过的话,我就知道是哪本书里面的。这种读书经验对我来说印象极其深刻。

后来,我又托人搞了一套人民文学出版社再版的《红楼梦》。虽然我在中学的时候已经看过《红楼梦》,但那时候不明就里,看得稀里糊涂。这时再看就很喜欢,觉得四大名著中它最好。

转变从文学到历史

1978 年,我考上了黑龙江八一农垦大学。这四年对我自学生涯来说收益不是很大,因为课程太重,但是,我还是能挤出时间来看闲书,由于这个大学的图书室的文学名著我都看过了,只好去啃《资治通鉴》,在这所大学上学的几个假期,我还写了很多小说,后来一看不行,都扔掉了。感觉自己不是当作家的那块料,兴趣从文学转移到了历史。

这期间虽然时间特别紧张,我还是读完了中华书局出的 20 本一套的《资治通鉴》,还认认真真地做了笔记。这套书的好处是奠定了我史学生涯的基础,它标志着,我学习历史,不是从教科书开始的,后来我发现,这很有好处。教科书上的历史,它就是框框和一套确定的观念让你接受,然后你就背。我恰恰没有受到这个影响。我没有上过一堂历史课。这期间也抄过一本书,抄的从图书馆借出的《历代官制考》。

大学之后,我还是在继续读书,但是没有年轻时候的《鲁迅全集》和《资治通鉴》那样对我产生特别大的影响。那时候哲学热的时候看哲学,文化热的时候看文化,弗洛伊德热的时候看弗洛伊德,大家生怕赶不上一波一波的时代潮流。现在看来,这时没有什么书对我产生大的冲击,包括大家都很看好的《万历十五年》。

1985 年,我考到北京以后眼界大开,接触到的书也更多了。1988 年,我硕士毕业后回到了农大。这时正是"文化热",我感觉整个学术界太浮躁了,浮躁到了让人无法容忍的地步,大家几乎都在胡吹神侃,那时做出来

学问是光明,愚昧是黑暗。读书吧!

——[俄]契诃夫

的学问没法看，所以，我买了一些现在所谓国学的基本书之后，就回到黑龙江我原来那个学校。从 1989 年到 1996 年，我几乎与周围的世界隔绝了，把精力一心扑到了读书中。我老老实实读完了《诸子集成》《十三经注疏》《左传》《战国策》等，读了一部分《二十五史》，还看了一部分佛经。看得太闷了，就到我们学校办公室和其他人下会儿围棋，打会儿扑克，然后再回去看书。后来他们说，你来玩是消闲，我们是天天消闲。后来，我在农大组织了一个读书会，大家一起交流读书心得。再后来，稍微爱读书的人都走光了，没有人说话了，我就考出来了。真正进入学界，是 1998 年，那年，我第一次在《读书》杂志上发了一篇文章。同时，1997 年在上海三联出的《乡土心路八十年》，也有了点反响。

❀ 与你共享

　　读书可以改变命运，因为书蕴涵着无穷的力量！阅读是生命的光合作用，因为阅读，苍白的生命可能会春意盎然，艰难的人生可能会出现转角。阅读不能改变人生的长度，但可以改变人生的宽度；阅读不能改变人生的起点，但可以改变人生的终点。

（邱　敏）

埃莉诺·罗斯福(1884~1962)　外交家,人道主义者,富兰克林·罗斯福总统夫人,当时世界上最受人敬佩的妇女之一。她对 1948 年《世界人权宣言》的起草和通过起了重要作用。她伟大、平和、独立而又超脱的个性使得她成为最伟大的"世界第一夫人"。

读书给我的

□ [美]埃莉诺·罗斯福　林衡哲　廖运范　译

　　我是一个孤独的孩子,如果没有那些书籍的话,我恐怕自己对于世事会一无所知。书上谈到各种各样的人,我所读的都成为真实的、生动的故事。我很幸运,因为祖父有一间藏书室,我猜想那一时代有许多人家都有。他的藏书室里藏书很多,包括所有古典的著作。

　　没有人告诉我,哪些书是不该看的。我也不曾告诉我的孩子或孙子们哪些书是不该看的。结果,我相信我并未受害。如果关于一本书,我提出了一些令人尴尬的问题,这本书有时会找不到了,这只是因为我使我的年轻的姑姑们太窘了。

　　除此之外,只有一个限制,啊,我多么恨这个限制!祖母认为你在星期日所做的事情总不能跟平日一样,因此,我在星期日所看的书,也要特别些,与平日不同。每当一天时间快要结束,我刚刚对一本星期日可看的书发生兴趣时,这本书就被收起来了,要等到下一个星期日才能继续看它。这真叫人难过。安息日原来是要这样过的!

　　我但愿自己能够这么说:今日我读的书,跟我 15 岁以前所读的一样多。但是我似乎没有像孩子时代那样的空闲,光为了好玩而看书,高高地爬在树上,读一整个上午,只有在吃饭铃的响声权威地宣布"你一定要来吃中饭"时,才回到屋里去。

　　我多么希望那种日子能够再回来,我希望我能坐在那里 4 个钟头,看

须知志即在读书中寻之,不失为门庭萧瑟之风流也。

——(清)傅　山

一本书。我真的很想看书,不是看人家叫我看、我不得不看的书,而是某一本我自己选中的书。

我从不曾忘掉看书的习惯。我认为,如果你在年轻时养成这习惯,你就会体验到文字是多么重要的东西。今日,分散孩子们注意力的事物太多了:电视、电影、收音机。在许多方面,孩子们比我们当年知道的事情要多得多,但是,我认为这一切东西强调了文字的重要。例如,在上次的竞选中,在看过两位候选人的电视辩论之后,我发现,第二天早晨,我还要看一看报纸上的记载,以保证我已明白了双方的每一论点。

有一件事情我感到很有意思,有一天,我的一个男孩对我说:"我希望我看书的速度能够快一点儿。"我同意道:"真的,我也这么盼望。"他答道:"啊,你看书要比我快一倍。"也许最近他看的书不够多,否则,我相信他在很短的时间内就会念得快起来的。

但是,这指出了一个理由:为什么许多孩子们读的书不多? 他们不能读得很快。我想,我们应该给他们各种机会,让他们知道如何阅读,如何更快地把他们所读的吸收进去。

我们必须让我们的青年人养成一种能够领会好书的习惯,这一种习惯是一种宝物,值得双手捧着,看着它,别把它丢掉。

我们之中太少人真正地把我们所领会到的美好的故事,告诉我们的孩子们,无怪乎年轻人也不能欣赏环绕着他过去的那些美好事物。他们把那些事视为当然,不足为奇。他们需要多念一点儿历史。

我觉得,只要我们不怕麻烦,教导我们的年轻人欣赏书中的美与内容,领略书的价值,一定会增加许多如饥似渴的读者。

有一天,我有一个机会到纽约的摩根图书馆去,那里陈列着许多古代手抄本和古代印刷的书本。我想,一个孩子若有机会摹写这些早期手抄本的话,那是一件多好的事情! 他们可以看这些手抄本是如何更正的,可以看看那些图书,看看那些手抄本的翻印本。

我们若能为年轻人设一个他们自己的图书馆的话,他们的兴趣恐怕会增加很多,这是学习读书价值的最好途径。老的一代知道读书的价值,但是我认为有时候,我们这些老人并未给予青年人一个机会,让他们从长者那里知道读书可能是一个极大的享受。

记得一次在白宫的宴会上，一桌子都是一些年轻朋友（大部分尚在大学念书，有一个是好莱坞的女明星，那些男孩子们都觉得她十分迷人），我的丈夫坐在餐桌的一端，我坐在另一端，他对我说："亲爱的，我们这里有一位年轻小姐，她从未听说过吉卜林的《林莽之书》。我刚刚对她讲，那部小说若搬上银幕一定很生动，她若在里面扮演一个角色，一定也非常可爱，可是她却从来没有听说过那部小说。"

过了一会儿，他又说一句："我要向在座的人都问一遍，请问你们哪一位看过这本书？"当然，仅有两位看过这本书的，是我们的两个儿子！他们之中有一个还非常羞涩地承认："可是，你知道，如果妈妈没有念给我们听的话，我们也不会去看它的。"

是的，如果我们能把我们的爱，我们的热诚和我们对读书的享受，分一部分给孩子们，他们的生活将因此而增加不少的意义。历史上从未有过像现在这样的一个时期，我们如此需要开拓我们的思想。我们不能再让我们青年人的思想狭隘，世界与我们的距离太近了，我们进入太空的可能性越大，世界也变得越狭窄了。

与你共享

书可以给孤独者以宁静，给失意者以鼓励，给怯懦者以勇气，给无知者以智慧。将读书看做人生的一大乐事去享受吧，因为书能够荡涤浮躁的尘埃和污秽，带来沁人心脾的灵新之气，甚至可以营造出超凡脱俗的幽静和优雅。

（邱　敏）

理想的书籍是智慧的钥匙。

——[俄]列夫·托尔斯泰

作者简介

俞敏洪 1962年生,江苏江阴人。新东方教育科技集团董事长,著名英语教学与管理专家,被誉为"留学之父"。毕业于北京大学。曾高考数次落第,第三次才考取北大,毕业后留校任教,后辞职创业。他是一位令人尊敬的教师、一个富有激情的演说家,更是一个大胆的创业者。作品有《永不言败》和个人演讲录《挺立在孤独、失败与屈辱的废墟上》等。

青少年受益一生的 名人读书经验

我存在　我读书

□俞敏洪

　　不管走到什么地方,我都随身带上一本书,并不一定要读书,也并不一定是因为一寸光阴一寸金的紧迫感,只是觉得走到任何地方,如果手里没有一本书,总觉得不对劲,总觉得心里空空的,手不知道往哪里放。晚上睡觉前要是不拿本书在手中,就觉得世界末日快要来了,其实拿了也不一定读,但心里踏实,在枕头边放着一本书,可以安心睡觉了。每次出差,我都像搬运工似的在行李箱里放上一摞的书,结果经常发现带的很多书连翻都没有翻开过,所以告诫自己下次不要带那么多书;但下次出差仍然还是带很多书,沉甸甸地背出去,再原封不动地背回家,即使一字不读,也好像这些书在旅途中填补了心灵某个角落的空白。

　　在别人面前读书和自己一个人读书,会有很不一样的感觉和选择。在别人面前读书的时候,你总会有意无意地拿一些别人认为值得读,或者看上去很深奥的书,免得别人以为你太没学问。一个人独处的时候是读书最快乐的时候,你读什么书完全由你自己选择。我最喜欢读的书是漫画书,就像我看电影最喜欢看卡通电影一样。虽时常怀疑自己的智商停留在了儿童时期,仍会每次拿到一本漫画书就喜上眉梢。蔡志忠的漫画书我读了无数遍,最近又把韩国作家李元馥的漫画系列读了个遍。

　　读书就像谈恋爱一样,需要环境。我从来不在电脑中读任何书籍,在电脑中读书,就好像和机器人谈恋爱。读书一定要有书的香味、书的形状、书的个性;根据书的内容的不同,你还需要选择不同的地点和时间来读。古代人读书要焚香洗手,有时候甚至还要有美女相伴,这种境界我们现在是没办法达到了;但我们依然可以创造一些小环境,比如读古文的时候要在深夜,点上一根蜡烛,沏上一杯清茶,一字一句地慢慢读、慢慢品味;读诗歌的时候最好是在下雨天,听着窗外的雨声,轻轻把诗歌读出来融入雨中,想着诗人跌宕起伏的命运,读着诗歌中梦牵魂绕的语言,不禁悲从中来,号啕大哭;读小说的时候最好在野外,或湖边或山脚,把自己沉浸在小说的情节中,大悲大喜都有山川河流相呼应,不亦快哉;读哲学书籍应该去闹市,在人声鼎沸之处思考存在的意义和出世的意义,即使思考不出所以然也不会出问题,因为你一抬头就看到了热闹的人间。

优秀的书籍就像难得的朋友,在你不需要的时候,你感觉不到他们的存在;在你需要的时候,他们总是及时地来到你的身边,忠诚地守候在你生命的左右,随时宽解、充实你那不安、寂寞的灵魂。

与你共享

对爱书的人来说,用手轻轻抚书,甚至能感觉到书的温度和脉搏怦怦地跳动。读书让我们感受到智慧的光泽,犹如登山一样,眼前瞬间呈现出仿佛九叠画屏般的开阔,让我们平静而坦然地度过每一个晨曦、每一个黄昏。

(邱 敏)

读书也像开矿一样,沙里淘金。

——赵树理

作者简介　韩小蕙　女，北京人。作家，光明日报社《文荟》副刊主编，高级编辑。著有《我在我思——知识女性文丝》、《快乐的理由》、《解密美国教育》等。曾获中国新闻界最高荣誉韬奋新闻奖、首届冰心散文奖、首届郭沫若散文优秀编辑奖等。1994 年被伦敦剑桥国际传记中心收入《世界杰出人物大辞典》。

书是最可靠的阶梯

□韩小蕙

中国古话："人往高处走，水往低处流。"

人怎么往高处走呢？

——读书。

高尔基说过："每一本书是一级小阶梯，我每爬上一级，就更脱离牲畜而上升到人类。"

上　篇

去年的一个夏日，我在王府井等车。忽然有一位中年妇女走近我，大声叫道："哎呀，韩小蕙，你还认识我吗？"

我仔细端详，但见她穿着一件体恤大背心，一条褪了色的七分裤，头发随便地别在脑后，一副劳动妇女的模样。我抱歉地说："您是哪位，我怎么有点儿想不起来了？"

她又叫起来："哎呀，我是电子管厂的小王呀……"

噢，我突然想起来了，这是我当年一起做工的小同伴，她比我还晚一年进厂，比我还小一岁。众所周知，"十年浩劫"使我们这一代人失学，当年我初中没毕业就进了工厂，做了 8 年工，直到恢复高考制度，才突然捡了个大元宝，重新进了大学门。

她见我认出来了，非常兴奋，也不顾周围的行人，扯开嗓门说："你还当记者哪？我呀，都退休好几年了，现在西客站帮人看烟摊哪，混呗。咱们那拨小青工呀，都和我一样，早退休啦，小李在北海看自行车，小杨在饭店当清洁工，小崔支了一个修自行车摊儿，小沈在家看孙子，要说还就数小邢混得好，在使馆区打扫卫生，拿钱不少……"

临分手时，她热情地对我说："你要是买烟就来找我，我就在第 X 候车室旁边……"

望着她的背影消失在滚滚人流当中，我感慨万千！一下午都有点恍恍惚惚的，20 多年前的往事，一幕一幕地在眼前滚过——

1970 年 6 月，天气刚刚见热，突然传来消息，说由于连年上山下乡，北京市严重缺乏劳动力，所以要提前把一半应届初中生送到工厂。没过几天，我就真的被分配到北京电子管厂了，那时我刚过完 16 岁生日。我很兴奋，因为虽然说是在上初中，可是净挖防空洞、下农村劳动了，文化课几乎就没上，连课本都没有。再说，高中还没恢复，继续上学无望，不如早点儿"参加革命"吧。

6 月 28 日一大早，我 6 点半就出家门了。赶到我们厂一看，嗬，可真是现代化的大军工厂，真气派呀！高大的厂房一字排开，里面的工人师傅都穿着白大褂干活，涂着各种颜色的气体管道像彩虹一样纵横交错，循环水柱把万颗珍珠洒向天空……我们数百个小青工一起欢呼起来！

不过进厂的第三天，我就褪了激情，沮丧不已——我发现自己原来什么都不懂，只能在流水线上从事最简单的劳动。就这么"文盲"地混一辈子，到 40 岁退休？

不行！我四处搜罗了几本书，开始自学。

起点太低了，自学开始得杂乱无章。没有人指导，当时父母都在干校，哥哥姐姐都上山下乡了，家里就剩下我一个。车间里的工程师们有学问，但惧怕担上"腐蚀青年"的罪名，问十答一，顾左右而言他。我懵懵懂懂的，东一笨篱西一勺地找书、抓书、借书，每天下班师傅们走后，就独自面对着一大桌子书，啃。

当时我读的书，计有《共产党宣言》、《费尔巴哈及德国古典哲学的终

书富如人海，百货皆有。人之精力，不能兼收尽取，但得其所欲求者尔。故愿学者每次作一意求之。

——（北宋）苏 轼

019

结》、《政治经济学教科书》(苏联版)、《毛泽东选集》、《初中数学》、《化学元素周期表》、《海涅诗选》、《普希金选集》等。后来,又找来了《高中数学》、巴尔扎克小说、《简·爱》、《金蔷薇》、《土地》……反正乱七八糟,能找到什么是什么,懂不懂,硬啃,囫囵吞枣往下咽。

还特别刻苦,困了累了,抹几把凉水。还学着运用科学的学习方法,前两个小时学政治,再两个小时做数学,等精神不济了就读小说。如果有事耽误了,第二天就要补上。遗憾的是,从此,时间就变成了一匹奔马,老是一阵风就疾驶过去了,拽都拽不住。

我们实验室的师傅都是女的,都挺善良的,不断有人问我学这些干吗呀?是不是不甘心当一辈子工人,要改变自己的地位?

倒真没想那么多。当时"四人帮"肆虐,成天叫嚣"知识越多越反动",耿耿星河,看不到一丝曙光,什么恢复高考上大学,就是神仙也掐算不出来呀。之所以这么头悬梁,锥刺骨,只不过是不想瞎混一辈子。何况,书中虽没有黄金屋,但书里有一只勾魂的手,越读越觉得自己可怜,越读越放不下,心心念念!

记得有一次来了一个实习生,从北大附中拿来100道因式分解题,悄悄告诉我,这是"文革"前的题,可权威了,也可难了。我们俩就偷偷做起来。果然奇难,开始时两天也解不开一道,把我们绕得脸都绿了。然而一旦做出来了,那个兴奋啊,恨不得蹦上天去摘云彩。后来,一道道越做越快,100道题最终被我们全部攻下,为了庆贺,我们决定再做一遍……

那可真是开心啊——学习的快乐,是最提升人的一种快乐。青年高尔基当水手时,别人都在酗酒骂人说下流话,他却在低下肮脏的环境中读书,并由衷地感谢说:"书籍使我变成了一个幸福的人,使我的生活变成轻快而舒适的诗,好像新生活的钟声在我的生活中鸣响了。"我觉得自己的情形十分相似,当别的小青工们打牌织毛衣谈恋爱时,我孤独而充满喜悦地读着书,从内心里体会到了高尔基的幸福感。

漫长的8年,从16岁到24岁,我一天都没有松懈地学习,而且还开始了文学创作。熊熊的知识之火给我以力量和信心,最终,迎来了化雪破冰的春天,1978年经过第二次考试,我考上了南开大学中文系!

下　篇

2004 年,我获得了第六届"韬奋新闻奖"。当《青年记者》杂志的记者问我"怎样才能做一名合格的新闻人"时,我首先回答的两个字是:"学习。"

1982 年经过 4 年的寒窗苦读之后,我从南开毕业,被分配进光明日报社。

又是报到的第一天,领导带我们参观。走进总编室,老编辑侃侃而谈,标题怎么做,导语怎么处理。我冒冒失失问什么叫"导语",惹来新闻系毕业生的嘲笑:"都到报社来了,连什么是'导语'都不知道!"

确实不知道。而且,什么是五个 W,消息、特写、通讯的区别,社论、言论、短论的不同等等,这些新闻学最基本的 ABC,统统都搞不清楚,根本没接触过嘛。于是,又一次什么都不懂的开始,又一次踏上了自学的茫茫征程。

从书店、图书馆、老同志的书柜,搬来了《新闻学概论》、《编辑记者入门》、《新闻写作 ABC》、《版面编辑的理论与实践》,以及中外优秀新闻作品集,下了夜班,吃饭睡觉之外,全部时间都埋在书堆里。后来分到文艺部当文学编辑和文化记者,为了尽快了解工作对象,我又废寝忘食地阅读现当代名家名著,以至于有一天我 7 岁的女儿突然跟我发脾气:"我长大,绝不当编辑记者!"她是嫌我老在读书写作,不跟她玩。我的眼睛立刻湿了,可是我不能放下书,女儿呀,请你原谅我!

书,引导着我一级一级地不断攀登。渐渐地,凡是在文坛有头有脸有点声响的作家,我都能脱口说出他们的作品、特色、为人,版面水平越来越高,成为我国几大著名副刊之一,我自己也被誉为"活的当代作家词典"。

坦白说,与其他前后进报社的数百名大学生相比,我的先天条件很差,既没有靓丽的外表可兹利用,又没有灵活的心眼儿会察言观色,只会老实干活不会说不能道,更是智商平平才能平平。但我之所以能成长为名编名记名作家,还被南开大学正式聘为兼职教授,一切功劳皆归于——用功读书。

书籍是建立在时间里的灯塔,照亮了我们最暗淡的生活,它是一座真正的大学。今天,回顾我的人生道路,可以说命运待我不薄,但我体味到:

人类所需要的,是富有启发性的养料;而阅读,正是这种养料。
　　　　——[法]雨　果

命运并不是上天所凭空赐予，而是知识对勤奋的褒奖。需要说明的是，我并没有轻视工农、轻视当年那些小同伴的意思，退休以后，他们靠自己诚实的劳动，亦为稳定社会做着一份努力；可是，当年他们之中也不乏智商、天分和条件都高于我者，本来是可以为国家作出更大一些贡献的，只不过没抓住光阴努力读书，这辈子就只好"人生长恨水长东"了。

关于读书的故事，还有许多，限于篇幅，不能展开。比如那年申报高级职称未果，单位里一位老大哥谆谆教导我说，没事得多出去走动，多跟评委们联络感情。我感谢他的提醒，但我真的没有那么多时间，本来一天24小时就恨不能变成240小时，有那"攻关"的工夫，又多读几本书了。

到现在，读书依然是我每天必须的功课。随着IT社会的不断飞速前进，随着新闻界不断涌进大批高学历、新知识、朝气蓬勃的年轻记者，使我产生了越来越深刻的危机感——必须加紧努力读书，不断学习新思维、新知识、新技能，才能保持在高端潮头，不被日新月异的社会大变革落下。狄德罗说："不读书的人，思想就会停止。"当然，攀登也就会停止，那么生命也就停止了！

与你共享

书是可靠的阶梯，让我们不断向上，向上。读书让我们感受遭遇不济命运的人所具备的自强不息和从容豁达，从而让我们做命运真正的主宰者，在并非一帆风顺的人生道路上越走越勇。在书籍的引导下，不断磨炼自己的意志，而我们的心灵也将渐渐成熟。

(邱　敏)

作者简介

朱光潜（1897～1986） 笔名孟实，安徽桐城人。现代美学家。他在二十世纪三四十年代认为，在美感经验中，美感的态度与科学的和实用的态度不同，它不涉及概念、实用等。六十年代，他强调马克思主义的实践观点，认为客观世界和主观能动性统一于实践。主要著作有《谈美》、《西方美学史》等，译著有黑格尔《美学》、柏拉图《文艺对话录》等。另著有《给青年的十二封信》。

谈 读 书

□朱光潜

朋友：

中学课程很多，你自然没有许多时间去读课外书，但是你试扪心自问：你每天真抽不出一点钟或半点钟的工夫么？如果你每天能抽出半点钟，你每天至少可以读三四页，每月可以读一百页，到了一年也就可以读四五本书了。何况你在假期中每天断不会只能读三四页呢？你能否在课外读书，不是你有没有时间的问题，是你有没有决心的问题。

世间有许多人比你忙得多，许多人的学问都是在忙中做成的。美国有一位文学家、科学家和革命家富兰克林，幼时在印刷局里做小工，他的书都是在做工时抽暇读的。不必远说，你应该还记得，国父孙中山先生，难道你比那一位奔走革命席不暇暖的老人家还要忙些么？他生平无论忙到什么地步，没有一天不偷暇读几页书。你只要看他的《建国方略》和《孙文学说》，你便知道他不仅是一个政治家，而且还是一个学者。不读书讲革命，不知道"光"的所在，只是瞎头乱撞，终难成功。这个道理，孙先生懂得最清楚的，所以他的学说特别重"知"。

人类学问逐天进步不止，你不努力跟着跑，便落伍退后，这固不消说。尤其要紧的是养成读书的习惯，是在学问中寻出一种兴趣。你如果没有一种正常嗜好，没有一种在闲暇时可以寄托你的心神的东西，将来离开学校

一个家庭中没有书籍，等于一间房子没有窗子。

——[英]约翰生

去做事,说不定要被恶习惯引诱。你不看见现在许多叉麻雀抽鸦片的官僚们绅商们乃至于教员们,不大半由学生出身吗?你慢些鄙视他们,临到你来,再看看你的成就吧!但是你如果在读书中寻出一种趣味,你将来抵抗引诱的能力比别人定要大些。这种兴趣你现在不能寻出,将来永不会寻出的。凡人都越老越麻木,你现在已比不上三五岁的小孩子那样好奇,那样兴味淋漓了。你长大一岁,你感觉兴味的锐敏力便迟钝一分。达尔文在自传里曾经说过,他幼时颇好文学和音乐,壮时因为研究生物学,把文学和音乐都丢开了,到老来他再想拿诗歌来消遣,便寻不出趣味来了。兴味要在青年时设法培养,过了正常时节,便会萎谢。比方打网球,你在中学时喜欢打,你到老都喜欢打。假如你在中学时代错过机会,后来要发愿去学,比登天要难10倍。养成读书习惯也是这样。

你也许说,你在学校里终日念讲义看课本就是读书吗?讲义课本着意在平均发展基本知识,固亦不可不读。但是你如果以为念讲义看课本,便尽读书之能事,就是大错特错。第一,学校功课门类虽多,而范围究极窄狭。你的天才也许与学校所有功课都不相近,自己在课外研究,去发现自己性之所近的学问。再比方你对于某种功课不感兴趣,这也许并非由于性不相近,只是规定课本不合你的口味。你如果能自己在课外发现好书籍,你对于那种功课的兴趣也许就因而浓厚起来了。第二,念讲义看课本,免不掉若干拘束,想借此培养兴趣,颇是难事。比方有一本小说,平时自由拿来消遣,觉得多么有趣,一旦把它拿来当课本读,用预备考试的方法去读,便不免索然寡味了。兴趣要逍遥自在地不受拘束地发展,所以为培养读书兴趣起见,应该从读课外书入手。

书是读不尽的,就读尽也是无用,许多书没有一读的价值。你多读一本没有价值的书,便丧失可读一本有价值的书的时间和精力,所以你须慎加选择。你自己自然不会选择,须去就教于批评家和专门学者。我不能告诉你必读的书,我能告诉你不必读的书。许多人曾抱定宗旨不读现代出版的新书,因为许多流行的新书只是迎合一时的社会心理,实在毫无价值,经过时代淘汰而巍然独存的书才有永久性,才值得读一遍两遍以至于无数遍。我不敢劝你完全不读新书,我却希望你特别注意这一点,因为现代青年颇有非新书不读的风气。别的事都可以学时髦,唯有读书做学问不能学时髦。我所指不必读的书，不是新书，是谈书的书，是不值得读第二遍的书。走进一个图书馆，你尽管看见千卷万卷的纸本子，其中真正能够称为"书"的恐怕难上十卷百卷。你应该读的只是这十卷百卷的书。在这些书中间，你不但可以得较真确的知识，而且可以于无形中吸收大学者治学的精神和方法。这些书才能撼动你的心灵，激发你的思考。其他像"文学大纲"、"科学大纲"以及杂志报章上的书评，实在都不能供你受用。你与其读千卷万卷的诗集，不如读一部《国风》或《古诗十九首》，你与其读千卷万卷谈希腊哲学的书籍，不如读一部柏拉图的《理想国》。

你也许要问我像我们中学生究竟应该读些什么书呢？这个问题可是不易回答。你大约还记得《北平京报·副刊》曾征求"青年必读书十种"，结果有些人所举十种尽是几何代数，有些人所举十种尽是史记汉书。这在旁人看起来似近于滑稽，而应征的人却各抱有一番大道理。本来这种征求的本意，求以一个人的标准做一切人的标准，好像我只喜欢吃面，你就不能吃米，完全是一种错误见解。各人的天资、兴趣、环境、职业不同，你怎么能定出万应灵丹似的十种书，供天下无量数青年读之都能感觉同样趣味发生同样效力？

我为了写这封信给你，特地去调查了几个英国公共图书馆。他们的青年读物部最流行的书可以分为四类：（一）冒险小说和游记；（二）神话和寓言；（三）生物故事；（四）名人传记和爱国小说。其中代表的书籍是凡尔纳的《八十天环游地球》和《海底两万里》，笛福的《鲁滨孙漂流记》，大仲马的《三剑客》，霍桑的《奇书》和《丹谷闲话》，金斯利的《希腊英雄传》，法布尔的《昆虫记》，安徒生的《童话》，骚塞的《纳尔逊传》，房龙的《人类的故事》之类。这些书在国外虽流行，给中国青年读，却不十分相宜。中国学生们大半是少年老成，在中学时代就喜欢煞有介事地谈一点学理。他们——你和我自然都在内——不仅喜欢谈谈文学，还要研究社会问题，甚至于哲学问题。这既是一种自然倾向，也就不能漠视，我个人的见解也不妨提起和你商量商量。十五六岁以后的教育宜注重发达理解，十五六岁以前的教育宜注重发达想象。所以初中的学生们宜多读想象的文字，高中的学生才应该读含有学理的文字。

谈到这里，我还没有答复应读何书的问题。老实说，我没有能力答复，

读一本好书，就是和许多高尚的人谈话。

——[德]歌 德

我自己便没曾读过几本"青年必读书"，老早就读些壮年必读书。比方在中国书里，我最欢喜《国风》、《庄子》、《楚辞》、《史记》、《古诗源》、《文选》中的书笺、《世说新语》、《陶渊明集》、《李太白集》、《花间集》、张惠言《词选》、《红楼梦》等；在外国书里，我最欢喜济慈、雪莱、柯尔律治、布朗宁诸人的诗集，索福克勒斯的七悲剧、莎士比亚的《哈姆雷特》、《李尔王》和《奥赛罗》、歌德的《浮士德》，易卜生的戏剧集、屠格涅夫的《处女地》和《父与子》、陀思妥耶夫斯基的《罪与罚》、福楼拜的《包法利夫人》、莫泊桑的小说集、小泉八云关于日本的著作等。如果我应《北平京报·副刊》的征求，也许把这些古董洋货捧上，凑成"青年必读书十种"；但是我知道这是荒谬绝伦，所以我现在不敢答复你应读何书的问题。你如果要知道，你应该去请教你所知的专门学者，请他们各就自己所学范围以内指定三两种青年可读的书。你如果请一个人替你面面俱到地设想，比方他是学文学的人，他也许明知青年必读书应含有社会问题科学常识等等，而自己又没甚把握，姑且就他所知的一两种拉来凑数，你就像问道于盲了。同时，你要知道读书好比探险，也不能全靠别人指导，你自己也须得费些工夫去搜求。我从来没有听见有人按照别人替他定的"青年必读书十种"或"世界名著百种"读下去，便成就一个学者。别人只能介绍，抉择还要靠你自己。

关于读书方法。我不能多说，只有两点须在此约略提起。第一，凡值得读的书至少须读两遍。第一遍须快读，着眼在醒豁全篇大旨与特色。第二遍须慢读，须以批评态度衡量书的内容。第二，读过一本书，须笔记纲要和精彩的地方和你自己的意见。记笔记不但可以帮助你记忆，而且可以逼得你仔细，刺激你思考。记着这两点，其他琐细方法便用不着说。各人天资习惯不同，你用哪种方法收效较大，我用哪种方法收效较大，不是一概而论的。你自己终究会找出你自己的方法，别人绝不能给你一个方单，使你可以"依法炮制"。

你嫌这封信太冗长了吧？下次谈别的问题，我当力求简短。再会！

你的朋友 孟实

与你共享

书给我们带来了无限的遐想和乐趣，给我们带来了智慧的源泉和精神的力量。读书能增长知识,开阔眼界;读书能明白事理,增强能力;读书能陶冶性情,滋润人心。沿着书籍构成的阶梯,学做人,学做事,越过一个又一个高度。

（邱　敏）

作者简介　　宁高宁　1958年生,山东滨州人。山东大学经济学学士,美国匹兹堡大学工商管理学硕士。现任中粮集团董事长。推崇经济学家吴敬琏,认同企业家张瑞敏。曾获"全球金融业最具影响力人士"称号。著有《为什么——企业人思考笔记》一书。

黄　金　屋

□宁高宁

　　能不断读点书看来是件挺要紧的事儿。不论你是干什么的,我觉得读了些书的人眼神也平顺些, 祥和些。我们通常爱把读书和学习放在一块儿,我看也可以不这样,因为学别人往往是件苦事,可读书不是。读书其实是一种安静,人安静的时间长了,心也会得到调养。我们见到大学问的人,年纪越大,越让人觉得仁厚舒服,我想那应该不是学来的,是书中的安静熏出来的。

　　每个人翻开一本书,都会在其中找到自己的领地。一本《红楼梦》,有人读出了文学,有人读出了哲学,也有人读出了儿女情长。书是啥感觉,最终是读书人读出来的,不是作家写出来的,所以读书的乐趣不是学别人,而是感受自己。

　　对书的感觉程度也是一个人不断成长的过程。书内书外是相通的。如

不是我造就了书,而是书造就了我。

——[法]蒙　田

027

果你回头看一下自己的书架,你会笑自己为什么以前会读这本书,就像你今天感叹自己头上的白头发,读书的感觉是与你一起成熟的。没有书外的阅历和思考,你也不会有对书的认识和鉴别,更不会有读到自己喜爱的书时忽然大悟的幸福,因为那时你在书外。只有书内书外融为一体了,书中的话成了你思考的延伸和生活的印证,书才成了你的知己,这时你会面对书本发出会心的笑,你会觉得书读不动了,因为它让你联想太多。这时你会觉得自己很笨,因为很复杂的事别人一句话说透了,这时你才觉得自己没话说了,因为有水平的话别人已说完了。

儿时读连环画,是好奇心在看这个世界的一个角落,因为太大太远的地方看不到,也看不懂。年轻时乱翻书,因为心气儿高,不知道自己要什么。心智开始成熟的标志是你突然喜欢上了某个作家,并不一定是最优秀的作家,你爱读他是因为与他有了交流,认同了他看事情的态度。如果你跟踪他的书,看他的生命,你可能已在反思自己思想形成的原因了。

有一天你可能喜欢看历史的书,这时节你对自己所处的年代有觉悟了;再有一天你可能会喜欢读哲学的书,这时你想在纷杂中找规律,在上游找源头了。这时你再回过头翻一下自己以前读过的书,你才知道当时并没有读懂,就像世间万物相通一样,书也是相通的,有经济学家出诗集,有哲学家写散文,也有物理学家讲美学。

读书也是一样,如果你能在漫画书中和哲学著作中看出一样的道理来,就像你在孩子的笑和老人的笑中看出一样的天真来,那种感觉一定是很妙的。

我时常觉得写好书的人是很大方的人,他们把对生活的凝练和思考的煎熬无私地告诉了别人。我也觉得读好书的人是聪明的人,人不可以长生,但生命可以借助读别人的书得到扩展。这种精神的扩展容量很大,要比物质的所有大很多。就像生活中的精彩不是每天都有一样,书中的精彩也不是处处都有,一本书有几个地方让你觉得读到心里去就够了,这时你的生命不但经历了自己,也经历了别人,在自己与别人的比较思考中,你有了比自己摸索更多的感悟,这是很快乐的一件事。

像做别的事情一样,读书要能读得进去,还要能读得出来。古人说"书中自有黄金屋",可这屋里的真金子要自己去找到,还要能把它带出来才行。

"书中自有黄金屋",倘若书中真的有黄金屋,那么它会是一种读书理想,是一种求知信念。书的价值在于读书人对书的态度,读书的意义在于读书人把读书和求知当做不懈的追求。 （邱 敏）

作者简介

陈安之 1967年生于福建,现居台湾。知名成功励志专家。是当今世界著名潜能大师安东尼·罗宾的得意门生。作品有《21世纪超级成功学》、《自己就是一座宝藏》等。

成功,就是多读一本书

□ 陈安之

假如我们可以复制成功者的想法,复制他的行动,那我们势必得到同样的结果。

我曾访问过一个企业家,这位企业家以前是做汽车的,后来改做大型量贩店的代理。在他还没有从事大型量贩店的代理之前,他从事汽车行业时,资产大约是1亿人民币,是相当不错的。但是从事大型购物中心之后,他的资产高达60亿人民币。如果你一年能赚1亿人民币,这样也要赚60年啊,如果你已经35岁了,加60年的话,要到95岁,你的资产才会跟这个企业家一样。

你可能会很好奇,这位企业家到底怎么样赚取了这么多财富?他又到底懂得什么样成功的秘诀?

没有书籍的屋子,就像没有了灵魂的躯体。

——[古罗马]西塞罗

有一天下午,我去他的办公室。一进这个办公室,感觉非常气派——我看至少有 150 平方米,他一个人,坐一张桌子,居然占这么大的办公室。当时我就在想:假如有一天我可以跟他一样那该有多好。

我看到这个资产高达 60 亿的人,桌上摆着 4 本书,他还在学习啊!他到底要赚多少钱?

我说:"董事长,很冒昧今天打扰你一个小时的时间,我时常教别人如何成功,也喜欢帮助别人成长,那依您多年来成功的经验,能否把您的知识传授给我?"他微笑,说:"事实上,赚钱是很容易的事情。"不过也是,对一个资产 60 亿的人来说他赚钱当然是很容易。但我继续问他:"到底怎么样使你赚了这么多钱?"他又回答我说:"不少人只看到我赚钱的结果,但是他们不知道我赚钱的根本原因。我之所以今天会拥有这么多的资产,是因为我不断地学习,不断地阅读。"

他说:有一次,他正在争取一家大型购物中心的区域代理权,跟他竞争的有另外一家食品公司,资产超过 250 亿人民币,而他当时的资产只有 1 亿。我们知道,开一家大型购物中心,财力是相当重要的。250 亿对 1 亿,一个 250 亿的财团对一个只有 1 亿资产的人,到底谁会取得区域代理权?当然是这位被我访问的企业家取得。

我很好奇,继续问这位企业家:"你取得这个代理权,是否有秘诀?因为事实上 1 亿对 250 亿,我是你的话,可能早就放弃了。"

他说:"这是来自荷兰的一个企业,总裁只有四十几岁。我跟这个总裁聊天,聊的过程中问这个总裁是喜欢打高尔夫球,还是喜欢游泳,还是喜欢慢跑?是否还有其他爱好?"

荷兰的总裁说:"所有的成功者都是阅读者,所有的领导者都是阅读者。我当然是最喜欢阅读。"

他又问这个总裁:"那你最喜欢读哪一方面的书籍?"总裁很坦直地说:"我最喜欢研究中国的哲学,喜欢读老子的《道德经》。"

恰巧,我访问的这位企业家对老子颇有研究,他们两个人就谈起老子来,而且谈得这个荷兰总裁不亦乐乎。于是,这个区域代理权自然被这位董事长成功取得。

那么,将这位企业家争取区域代理权的例子摆在此,很能说明一个问题:假如你少读一本老子《道德经》你就会少赚多少个亿,而你多读一本,你就能多赚多少个亿。所以你要不要去读老子的《道德经》? 可是你万一遇到一个美国总裁,他读《庄子》,怎么办? 恐怕解决这个问题就只有多读书了吧!

与你共享

人生是一杯水,可以是平平淡淡;人生是一碗浓汤,可以是酸甜苦辣。人生是什么,在于我们的调理和掌握。书的智慧来源于生活,书中乾坤映照着人间世界。书于无形中延长了人生的长度,一本好书足以影响一个人的一生。

(张艳霞)

任何一本书的影响莫过于使读者开始做内心的反省。
——[英]卡莱尔

像做别的事情一样，读书要能读得进去，还要能读得出来。古人说"书中自有黄金屋"，可这屋里的真金子要自己去找到，还要能把它带出来才行。

第 **2** 辑

我的精神家园

　　在书中寻找过去的影子，把记忆里留存的碎片一一拾起，经过迷茫和孤独后，便会突然感到一种前所未有的宁静。那些快乐温暖的时光和不枝不蔓的深情，仿佛封存在东海龙王的水晶宫中，当回忆的阳光从书籍的纸面上折射过来，便重新纤毫毕现。

　　岁月已远去，但镌刻在童年读书时光里的书香，我们将永远不会忘记，因为那里是我们的精神家园。

青少年受益一生的励志书系

王小波（1952~1997）　生于北京。曾先后做过知青、民办教师、工人，26岁考入中国人民大学，1984年到美国匹兹堡大学留学，获硕士学位。回国后曾在北京大学、中国人民大学任教，后为自由撰稿人。作品有《革命时期的爱情》、《黄金时代》、《白银时代》、《青铜时代》等。他唯一的电影剧本《东宫·西宫》获阿根廷国际电影节最佳编剧奖，并且入围1997年戛纳国际电影节。

青少年受益一生的 名人读书经验

我的精神家园

□王小波

　　我13岁时，常到我爸爸的书柜里偷书看。那时候政治气氛紧张，他把所有不宜摆在外面的书都锁了起来，在那个柜子里，有奥维德的《变形记》，朱生豪译的莎翁戏剧，甚至还有《十日谈》。柜子是锁着的，但我哥哥有捅开它的方法。他还有说服我去火中取栗的办法：你小，身体也单薄，我看爸爸不好意思揍你。但实际上，在揍我这个问题上，我爸爸显得不够绅士派，我的手脚也不太灵活，总给他这种机会；总而言之，偷出书来两人看，挨揍则是我一人挨，就这样看了一些书。虽然很吃亏，但我也不后悔。

　　看过了《变形记》，我对古希腊着了迷。我哥哥还告诉我说："古希腊有一种哲人，穿着宽松的袍子走来走去。有一天，有一位哲人去看朋友，见他不在，就要过一块涂蜡的木板，在上面随意挥洒，画了一条曲线，交给朋友的家人，自己回家去了。那位朋友回家，看到那块木板，为曲线的优美所折服，连忙埋伏在哲人家附近，待他出门时闯进去，要过一块木板，精心画上一条曲线……"当然，这故事余下的部分就很容易猜了：哲人回了家，看到朋友留下的木板，又取一块蜡板，把自己的全部心胸画在一条曲线里，送给朋友去看，使他真正折服。现在我想，这个故事是我哥哥编的。但当时我还认真地想了一阵，终于傻呵呵地说道："这多好啊。"时隔30年回想起来，我并不羞愧。井底之蛙也拥有一片天空，13岁的孩子也可以有一片精神家园。此外，人有兄长是好的。虽然我对国家的计划生育政策也无异议。

长大以后，我才知道科学和艺术是怎样的事业。我哥哥后来是已故逻辑大师沈有鼎先生的弟子，我则学了理科；还在一起讲过真伪之分的心得、对热力学的体会，但这已是我二十多岁时的事。再大一些，我到国外去旅行，在剑桥看到过使牛顿体会到万有引力的苹果树，拜伦拐着腿跳下去游水的"拜伦塘"，但我总在回想幼时遥望人类智慧星空时的情景。千万丈的大厦总要有片奠基石，最初的爱好无可替代。所有的智者、诗人，也许都体验过儿童对着星光感悟的一瞬。

我时常回到童年，用一片童心来思考问题，很多繁难的问题就变得易解。人活着当然要做一番事业，而且是人文的事业，就如有一条路要走，假如是有位老学究式的人物，手执教鞭戒尺打着你走，那就不是走一条路，而是背一本宗谱。我听说前苏联就是这么教小孩子的：要背全本的普希金、半本莱蒙托夫，还要记住俄罗斯是大象的故乡（肖斯塔科维奇在回忆录里说了很多）。我们这里是怎样教孩子的，我就不说了，以免得罪师长。我很怀疑会背宗谱就算有了精神家园，但我也不想说服谁。安徒生写过《光荣的荆棘路》，他说人文的事业就是一片着火的荆棘，智者仁人就在火里走着。当然，他是把尘世的嚣嚣都考虑在内了，我觉得用不着想那么多。用宁静的童心来看，这条路是这样的：它在两条竹篱笆之中。篱笆上开满了紫色的牵牛花，在每个花蕊上，都落了一只蓝蜻蜓。这样说固然有煽情之嫌，但想要说服安徒生，就要用这样的语言。维特根斯坦临终时说："告诉他们，我度过了美好的一生。"这句话给人的感觉就是：他从牵牛花丛中走过来了。虽然我对他的事业一窍不通，但我觉得他和我是一头儿的。

我不大能领会下列说法的深奥之处：要重建精神家园、恢复人文精神，就要灭掉一切俗人——其中首先要灭的，就是风头正健的俗人。假如说，读者兜里的钱是有数的，买了别人的书，就没钱来买我的书，所以要消灭别人，这个我倒能理解，但上述说法不见得有如此之深奥。假如真有这么深奥，我也不赞成——我们应该像商人一样，严守诚实原则，反对不正当的竞争。让我的想法和作品成为嚣嚣尘世上的正宗，这个念头我没有，也不敢有。既然如此，就必须解释我写文章（包括这篇文章）的动机。坦白地说，我也解释不大清楚，只能说，假如我今天死掉，恐怕就不能像维特根

无书不益人。
——中国谚语

斯坦一样说道:"我度过了美好的一生。"也不能像司汤达一样说:"活过,爱过,写过。我很怕落到什么都说不出的结果,所以正在努力工作。"

与你共享

读书犹如品茶,一遍香,二遍醇,三遍值得回味;读书好比音乐,能够愉悦身心,让人置身其中享受乐趣。活在精神家园里,读书对于我们不仅仅是一种休闲或消遣,而且是架起我们灵魂的支撑力和启发我们希冀的原动力。

(张艳霞)

作者简介 余华 1960 年生,浙江海盐人。当代作家,先锋派小说的代表人物,与叶兆言、苏童等人齐名。著有短篇小说集《十八岁出门远行》、《世事如烟》,长篇小说《活着》、《在细雨中呼喊》、《许三观卖血记》及《兄弟》,随笔集《没有一条道路是重复的》、《我能否相信自己》等。

执著阅读

□余 华

在小学毕业的那一年,应该是 1973 年,县里的图书馆重新对外开放,父亲为我和哥哥弄了一张借书证,从那时起我开始喜欢阅读小说了,尤其是长篇小说。我把那个时代所有的作品几乎都读了一遍:浩然的《艳阳天》、《金光大道》,还有《牛田洋》、《虹南作战史》、《新桥》、《矿山风云》、《飞雪迎春》、《闪闪的红星》……当时我最喜欢的书是《闪闪的红星》,然后是《矿山风云》。

实际上像我真正有书可读的时候,已经十八九岁了,这是很可悲的。

我读过一位伟大的诗人叫艾略特的传记,他在中学毕业的时候,古典的现代的名著几千部,他已经全部读完了,以后的时间他也不需要再读了。我到他这个年龄的时候,我才刚开始"读"。那时候我们中国的文学杂志虽然都很差,从文学质量上来看都不好,但是每一本杂志的发行量都很大。那时候还没有其他种类的杂志,只要是杂志,就是文学类的,什么破杂志都能卖30多万份。后来我读到了美国作家杰克·伦敦,他给一个文学青年写了封信,其中有一句话:你宁可去读拜伦的一行诗,也不要去读现在的一百多种文学杂志。那时候我马上就明白这一个道理:不要把时间浪费在垃圾上,应该去读经典的作品。从那时开始,我就买了大量的19世纪20世纪已经被誉为经典的文学作品……我有一个观点,就是作为一个作家他是否优秀,取决于他作为一个读者是否优秀。所以那几年我成为一个很不错的读者,读了很多非常优秀的文学作品。虽然我写的跟他们不一样,但我知道怎样去判断,如何去把握叙述的过程。这是比较重要的一段经历。

在我年轻的时候喜欢读一些很费劲的小说,写的是《世事如烟》之类的作品,那时马原说我"把一个很好看的故事写得很不好看"。现在我发现,十多年前看得津津有味的《城堡》几乎看不下去,我喜欢的是能一口气读完的书,比如不久前我重读的《静静的顿河》,感觉与从前完全不同。并非我在阅读上变得懒惰了,能一口气读完的书也不见得就轻松、通俗。阅读与写作紧密相关,为什么我们会对一部作品有感受?我相信是作家写作时了解应该如何让读者去阅读,这种心理或有意、或无意。

任何时代,都有不浮躁的读者。读书是一个人安静下来才做的事。不是参加派对,不是社会关注的热闹。写作与阅读,都是冷清的,但这样的状态却像海底激流,始终汹涌澎湃。我有一位朋友,年轻时在大学学习西方哲学,现在是一位成功的商人。他有一个十分有趣的看法,有一天他告诉我说:"我的大脑就像是一口池塘,别人的书就像是一块石子;石子扔进池塘激起的是水波,而不会激起石子。"最后他这样说:"因此别人的知识在我脑子里装得再多,也是别人的,不会是我的。"他的原话是用来抵挡当时老师的批评,在大学时他是一个不喜欢读书的学生,现在重温他的看法时,除了有趣之外,也会使不少人信服,但是不能去经受太多的反驳。

一时劝人以言,百世劝人以书。
——中国谚语

青少年受益一生的 名人读书经验

与你共享

世间很多东西都是过眼云烟,而书则可以成为我们终身的朋友。如果真的将书当成朋友,当它在倾诉的时候,我们就应该全神贯注地倾听,做最忠实的听众。

(张艳霞)

作者简介 冰心(1900~1999) 女,原名谢婉莹,生于福州,祖籍福建长乐。现当代作家、儿童文学家。作品有《两个家庭》、《斯人独憔悴》、《去国》等探索人生的"问题小说",以及散文集《寄小读者》、《再寄小读者》等。因其一生刚好度过一个世纪而被称为"世纪老人"。

忆 读 书

□冰 心

一谈到读书,我的话就多了!

我自从会认字后不到几年,就开始读书。倒不是4岁时读母亲教给我的商务印书馆出版的国文教科书第一册的"天、地、日、月、水、山、土、木"以后的那几册,而是7岁时开始自己读的"话说天下大势,分久必合,合久必分……"的《三国演义》。

那时我的舅父杨子敬先生每天晚饭后必给我们几个表兄妹讲一段《三国演义》,我听得津津有味,什么"宴桃园豪杰三结义,斩黄巾英雄首立功",真是好听极了。但是他讲了半个钟头,就停下去干他的公事了。我只好带着对故事下文的无限悬念,在母亲的催促下,含泪上床。

此后，我决定咬了牙，拿起一本《三国演义》来，自己一知半解地读了下去，居然越看越懂，虽然字音都读得不对，比如，把"凯"念做"岂"，把"诸"念做"者"之类，因为我只学过那个字的一半部分。

谈到《三国演义》，我第一次读到关羽死了，哭了一声，把书丢下了。最后忘了是什么时候才把全书读到"分久必合"的结局。

这时我同时还看了母亲针线笸(pǒ)箩里常放着的那几本《聊斋志异》。聊斋故事是短篇的，可以随时拿起放下，又是文言的，这对于我的作文课很有帮助，因为我的作文老师曾在我的作文本上批着"柳州风骨，长吉清才"的句子，其实我那时还没有读过柳宗元和李贺的文章，只因那时的作文都是用文言写的。

因为看《三国演义》引起我对章回小说的兴趣，对于那部述说"官逼民反"的《水浒传》尤为欣赏。那部书里着力描写的人物，如林冲——林教头风雪山神庙一回，看了使我气愤填胸！——武松、鲁智深等人，都有其极其生动的风格，虽然因为作者要凑成三十六天罡七十二地煞勉勉强强地写满了一百零八人的数目，但我觉得也比没有人物个性的《荡寇志》强多了。

《精忠说岳》并没有给我留下太深的印象，虽然岳飞是我从小就崇拜的最伟大的抗金英雄。在此顺便说一句，我酷爱古典诗词，但能够从头背到底的，只有岳武穆的《满江红》"怒发冲冠"那一首，还有就是李易安的《声声慢》，她的那几个叠字——"寻寻觅觅……凄凄惨惨戚戚……"写得十分动人，尤其是以"寻寻觅觅"起头，描写尽了"如有所失"的无聊情绪。

到我 11 岁时，回到故乡福州，在我祖父的书桌上看到了林琴南老先生送给他的《茶花女遗事》，使我对于林译外国小说引起了广泛的兴趣，那时只要我手里有几角钱，就请人去买林译小说来看，这又使我知道了许多外国的人情世故。

《红楼梦》是在我十二三岁的时候看的，起初我对它的兴趣并不大，贾宝玉的女声女气，林黛玉的哭哭啼啼，都使我厌烦。还是到了中年以后再拿起这部书看时，才尝到"满纸荒唐言，一把辛酸泪"，一个朝代和家庭的兴亡盛衰的滋味。

总而言之，统而言之，我这一辈子读到的中外的文艺作品，不能算太

谁真爱书籍，谁就有了打开神奇大门的金钥匙。
——[美]安德鲁斯

少。我永远感到读书是我生命中最大的快乐！从读书中我还得到了做人处世的"独立思考"的大道理,这都是从《修身》课本中所得不到的。

因此,某年的"六一"国际儿童节,有个儿童刊物要我给儿童写几句指导读书的话,我只写了九个字,就是:

"读书好,多读书,读好书。"

与你共享

读书可以充实人的头脑,丰富人的记忆。回首读书往事,冰心老人感慨万千。的确,书中藏着空旷而悠远的世界,好书的韵味凝练如千古绝唱,超越时代,超越空间,与心灵直接沟通,让我们产生最贴切、最真实的情感共鸣。

(张艳霞)

作者简介 莫言 原名管谟业,1956年生,山东高密人。当代作家。代表作有长篇小说《红高粱家族》、《檀香刑》、《生死疲劳》、《丰乳肥臀》等。《红高粱》获第四届全国中篇小说奖,并被著名导演张艺谋拍摄成同名电影。《红高粱》是中国第一部获得柏林电影节最佳影片奖的电影。

童 年 读 书

□莫 言

我童年时的确迷恋读书。那时候既没有电影更没有电视,连收音机都没有。只有在每年的春节前后,村子里的人演一些《血海深仇》、《三世仇》之类的忆苦戏。在那样的文化环境下,看"闲书"便成为我的最大乐趣。我体能不佳,胆子又小,不愿跟村里的孩子去玩上树下井的游戏,偷空就看"闲书"。父亲反对我看"闲书",大概是怕我中了书里的流毒,变成个坏人;更怕我因看"闲书"耽误了割草放羊;我看"闲书"就只能像地下党搞秘密活动一样。

后来,我的班主任家访时对我的父母说,其实可以让我适当地看一些"闲书",形势才略有好转。但我看"闲书"的样子总是不如我背诵课文或是背着草筐、牵着牛羊的样子让我父母看着顺眼。人真是怪,越是不让他看的东西、越是不让他干的事情,他看起来、干起来越有瘾,所谓偷来的果子吃着香就是这道理吧!

我偷看的第一本"闲书",是绘有许多精美插图的神魔小说《封神演义》,那是班里一个同学的传家宝,轻易不借给别人。我为他家拉了一上午磨才换来看这本书一下午的权利,而且必须在他家磨道里看并由他监督着,仿佛我把书拿出门就会去盗版一样。这本用汗水换来短暂阅读权的书留给我的印象十分深刻,那骑在老虎背上的申公豹、鼻孔里能射出白光的郑伦、能在地下行走的土行孙、眼里长手手里又长眼的杨任,等等,一辈子也忘不掉啊,所以前几年在电视上看了连续剧《封神演义》,替古人不平,如此名著竟被糟蹋得不成模样。其实这种作品是不能弄成影视的,非要弄,我想只能弄成动画片,像《大闹天宫》、《唐老鸭和米老鼠》那样。

后来又用各种方式把周围几个村子里流传的几部经典,如《三国演义》、《水浒传》、《儒林外史》之类,全弄到手看了。

那时我的记忆力真好,用飞一样的速度阅读一遍,书中的人名就能记全,主要情节便能复述,描写爱情的警句甚至能成段地背诵,现在完全不行了。后来又把"文革"前那十几部著名小说读遍了。

记得从一个老师手里借到《青春之歌》时已是下午,明明知道如果不去割草羊就要饿肚子,但还是挡不住书的诱惑,一头钻到草垛后,一下午就把大厚本的《青春之歌》读完了。身上被蚂蚁、蚊虫咬出了一片片的疙瘩,从草垛后晕头涨脑地钻出来,已是红日西沉。我听到羊在圈里狂叫,饿的,心里忐忑不安,等待着一顿痛骂或是痛打。但母亲看看我那副样子,宽容地叹息一声,没骂我也没打我,只是让我赶快出去弄点草喂羊。我飞快地窜出家院,心情好得要命,那时我真感到了幸福。

和书籍生活在一起,永远不会叹息。

——[法]罗曼·罗兰

　　我的二哥也是个书迷,他比我大5岁,借书的路子比我要广得多,常能借到我借不到的书;但这家伙不允许我看他借来的书。他看书时,我就像被磁铁吸引的铁屑一样,悄悄地溜到了他的身后,先是远远地看,脖子伸得老长,像一只喝水的鹅,看着看着就不由自主地靠了前。他知道我溜到他的身后,就故意地将书页翻得飞快,我一目十行地阅读才能勉强跟上趟。他很快就会烦,合上书,一掌把我推到一边去。但只要他打开书页,很快我就会凑上去。他怕我趁他不在时偷看,总是把书藏到一些稀奇古怪的地方,就像革命样板戏《红灯记》里的地下党员李玉和藏密电码一样。但我比日本宪兵队长鸠山高明得多,我总是能把我二哥费尽心机藏起来的书找到;找到后自然又是不顾一切,恨不得把书一口吞到肚子里去。

　　有一次他借到一本《破晓记》,藏到猪圈的棚子里。我去找书时,头碰了马蜂窝,"嗡"的一声响,几十只马蜂蜇到脸上,奇痛难捱。但顾不上痛,抓紧时间阅读,读着读着眼睛就睁不开了。头肿得像柳斗,眼睛肿成了一条缝。我二哥一回来,看到我的模样,好像吓了一跳,但他还是先把书从我手里夺出来,拿到不知什么地方藏了,才回来管教我。他一巴掌差点把我扇到猪圈里,然后说:"活该!"我恼恨与疼痛交加,呜呜地哭起来。他想了一会儿,可能是怕母亲回来骂,便说:"只要你说是自己上厕所时不小心碰到了马蜂窝,我就让你把《破晓记》读完。"我非常愉快地同意了。但到了第二天,我脑袋消了肿,去跟他要书时,他马上就不认账了,我发誓今后借了书也绝不给他看,但只要我借回了他没读过的书,他就使用暴力抢去先看。

　　有一次,我从同学那里好不容易借到一本《三家巷》,回家后一头钻到堆满麦秸草的牛棚里,正看得入迷,他悄悄地摸进来,一把将书抢走,说:"这书有毒,我先看看,帮你批判批判!"他把我的《三家巷》揣进怀里跑走了。我好恼怒!但追又追不上他,追上了也打不过他,只能在牛棚里跳着脚骂他。几天后,他将《三家巷》扔给我,说:"赶快还了去,这书流氓极了!"我当然不会听他的。我怀着甜蜜的忧伤读《三家巷》,为书里那些小儿女的纯真爱情而痴迷陶醉。旧广州的水汽市声扑面而来,在耳际鼻畔缭绕。一个个人物活灵活现,仿佛就在眼前。当我读到区桃在沙面游行被流弹打死时,趴在麦秸草上低声抽泣起来。我心中那个难过,那种悲痛,难以用语言形容。那时我大概9岁吧,6岁上学,念到三年级的时候。

看完《三家巷》,好长一段时间里,我心里怅然若失,无心听课,眼前老是晃动着美丽少女区桃的影子,手不由己地在语文课本的空白处写满了区桃。班里的干部发现了,当众羞辱我,骂我是大流氓,并且向班主任老师告发,老师批评我思想不健康,说我中了资产阶级思想的流毒。几十年后,我第一次到广州,串遍大街小巷想找区桃,可到头来连个胡杏都没碰到,我问广州的朋友,区桃哪里去了?朋友说:区桃们白天睡觉,夜里才出来活动。

读罢《三家巷》不久,我从一个很赏识我的老师那里借到了一本《钢铁是怎样炼成的》。

晚上,母亲在灶前忙饭,一盏小油灯挂在门框上,热腾腾的烟雾缭绕着。我个头矮,只能站在门槛上就着如豆的灯光看书。我沉浸在书里,头发被灯火烧焦也不知道。保尔和冬妮娅,肮脏的烧锅炉小工与穿着水兵服的林务官的女儿的迷人的初恋,实在是让我梦绕魂牵,跟得了相思病差不多。多少年过去了,那些当年活现在我脑海里的情景还历历在目。保尔在水边钓鱼,冬妮娅坐在水边树杈上读书……哎,哎,咬钩了,咬钩了……鱼并没咬钩。冬妮娅为什么要逗这个衣衫褴褛、头发蓬乱、浑身煤矿灰的穷小子呢?冬妮娅出于一种什么样的心态?保尔发了怒,冬妮娅向保尔道歉;然后保尔继续钓鱼,冬妮娅继续读书。她读的什么书?是托尔斯泰还是屠格涅夫?她垂着光滑的小腿在树杈上读书,那条乌黑粗大的发辫,那双湛蓝清澈的眼睛……保尔这里还有心钓鱼吗?如果是我,肯定没心钓鱼了。从冬妮娅向保尔真诚道歉那一刻起,童年的小门关闭,青春的大门猛然敞开了,一个美丽的、令人遗憾的爱情故事开始了。我想,如果冬妮娅不向保尔道歉呢?如果冬妮娅摆出贵族小姐的架子痛骂穷小子呢?那《钢铁是怎样炼成的》就没有了。一个高贵的人并没意识到自己的高贵才是真正的高贵;一个高贵的人能因自己的过失向比自己低贱的人道歉是多么可贵。我与保尔一样,也是在冬妮娅道歉那一刻爱上了她。说爱还早了点,但起码是心中充满了对她的好感,阶级的壁垒在悄然地瓦解,接下来就是保尔和冬妮娅赛跑,因为恋爱忘了烧锅炉;劳动纪律总是与恋爱有矛盾,古今中外都一样。美丽的贵族小姐在前面跑,锅炉小工在后边追……最激动人心的时候到了:冬妮娅青春焕发的身体有意无意地靠在保尔的胸膛上……看到这里,幸福的热泪从高密东北乡的傻小子眼里流了下来。接下来,保

书籍是青年人不可分离的生活伴侣、导师、忠告者和好友。

——[苏联]高尔基

尔剪头发,买衬衣,到了冬妮娅家做客……我是三十多年前读的这本书,之后再没翻过,但一切都在眼前,连一个细节都没忘记。

我当兵后看过根据这部小说改编的电影,但失望得很,电影中的冬妮娅根本不是我想象中的冬妮娅。保尔和冬妮娅最终还是分道扬镳,成了两股道上跑的车,各奔了前程。当年读到这里时,我心里那种滋味难以说清。我想如果我是保尔……但可惜我不是保尔……我不是保尔也忘不了临别前那无比温馨甜蜜的一夜……冬妮娅家那条凶猛的大狗,狗毛温暖,冬妮娅皮肤凉爽……冬妮娅的母亲多么慈爱啊,散发着牛奶和面包的香气……后来在筑路工地上相见,但昔日的恋人之间竖起了黑暗的墙,阶级和阶级斗争多么可怕。但也不能说保尔不对,冬妮娅即使嫁给了保尔,也注定不会幸福,因为这两个人之间的差别实在太大了。保尔后来又跟那个共青团干部丽达恋爱,这是革命时期的爱情,尽管也有感人之处,但比起与冬妮娅的初恋,缺少了那种缠绵悱恻的情调。最后,倒霉透顶的保尔与那个苍白的达雅结了婚。这桩婚事连一点点浪漫情调也没有,看到此处,保尔的形象在我童年的心目中就暗淡无光了。

读完《钢铁是怎样炼成的》,"文化大革命"就爆发了,我童年读书的故事也就完结了。

与你共享

对艰难岁月中的人们来说,读书是调节精神的最佳润滑剂。面对艰苦的生活条件,我们有时会苦闷、忧伤而彷徨。然而,书籍有莫大的感召力,它们给予人们希望和勇气,将慰藉缓缓注入人们干枯的心田,让灰暗的天空重现云彩。

(张艳霞)

作者简介

　　刘心武　1942年生于四川成都。当代作家。1977年以短篇小说《班主任》成名，该作被视为"伤痕文学"的代表作。长篇小说《钟鼓楼》获第二届茅盾文学奖。2005年出版《刘心武揭秘〈红楼梦〉》，引发国内新一轮《红楼梦》热潮。其散文《错过》被选入苏教版语文教材。

姐弟读书乐

□刘心武

　　我读初中时，姐姐已经上大学了。我和父母住在北京，姐姐是在哈尔滨上大学，因此，每临近寒暑假，我就盼姐姐回家。

　　放假了！姐姐回家了！我真是快活得不得了！记得我学会了在墙壁上"贴饼子"，就是两手撑地，把双腿往上甩，牵引身体倒竖，把一双脚落在墙壁上。姐姐刚回家，我就迫不及待地在她眼前"贴饼子"，希望她发出惊叹声。可是姐姐一点也不夸赞我，还批评我用鞋底弄脏了墙。后来，我又学会了完全不用墙壁支撑身体的"竖蜻蜓"（或称"拿大顶"），姐姐一到家，我就得意地倒立着，在她眼前走来走去，姐姐也仅是淡淡地夸我两句，使我很败兴。可是，我还是很喜欢姐姐回北京过寒暑假。姐姐除了帮妈妈做些家务事，跟中学老同学聚会，以及用妈妈的一架老式的手摇缝纫机给自己做新衣，就是看小说。我记得那时候，除了吃饭、睡觉，她几乎一直斜躺在床上，倚着被褥枕头看小说。可以说，看得昏天黑地！我的父母对子女一贯很温情，尤其是对子女看书，只要看的是好书，那么就很纵容。比如说姐姐看小说竟看上一整天，爸爸妈妈绝不干涉，更不会催她去做什么家务事。姐姐如此这般地看小说，不跟我玩，我当然不高兴，有时就跟她捣些乱，比如在她旁边发出怪声呀，假传爸爸妈妈的"圣旨"呀，让她去做某件事呀，可是大都收效甚微，她依然津津有味地只顾读手中所捧的书。而且，她还会忽然命令我，让我给她送杯茶，或让我把她的梳子找出来递给她，以便梳

　　书籍把我们引入最美好的社会，使我们认识各个时代的伟大智者。
　　　　　　　　　　　　　　　　　　——[英]塞缪尔·斯迈尔斯

一梳倚靠中搞乱了的头发。我虽嘴里嘟嘟囔囔,实际行动上,却很乐于为她服务。

姐姐读小说的嗜好,很快地传染给了我。记得有一天,姐姐的中学同学约她出去玩,我便到她床上枕边,翻看她读的那些书。结果,好像是一本《简·爱》,意外地吸引了我,我竟趴在她的床边,一页页地读了下去,直到她玩完了回来,我还在那里读。

那时,作为一名初中生,我原来读的,大体上是些少儿读物,如美国童话《绿野仙踪》、苏联童话《哈哈镜王国历险记》、意大利童话《洋葱头历险记》……当然更少不了《安徒生童话》和《格林童话》。除了童话和民间故事,那时我喜欢读的小说有苏联盖达尔的《铁木儿和他的伙伴》、《远方》、《蓝杯》、《鼓手的命运》,中国古典小说《西游记》,以及那时《少年文艺》杂志上刊登的一些短篇小说。当然,也读过《钢铁是怎样炼成的》、《牛虻》等少数成人读物。是姐姐,通过她的假期阅读,把我正式引入了成人读物的天地。记得那时,一般是她先读,然后我接过去读,所读的,大体上分三类。一类是苏联长篇小说,如《远离莫斯科的地方》、《茹尔宾一家》、《钢与渣》、《青年近卫军》、《虹》,等等。一类是外国古典名著,如《大卫·科波菲尔》、《巴黎圣母院》、《欧也妮·葛朗台》、《卡斯特桥市长》、《安吉堡的磨工》、《贵族之家》、《复活》、《被侮辱与被损害的》等。一类是中国古今名著,如《红楼梦》、《家》、《骆驼祥子》、《死水微澜》等。那时像《青春之歌》等后来风靡一时的当代长篇小说还没出现,所以我们读当代长篇小说不多。渐渐地,我们姐弟间也会就读过的小说,很随意地交换些意见。当然,姐姐免不了笑我幼稚,我也免不了跟她抬杠犟嘴,但"开卷有益",在独自默思与相对笑谈之中,也就体现出来了。

与你共享

弟弟在姐姐的影响下,爱上了读书,并从书中得到了无穷的乐趣。姐弟在书香弥漫的环境中一起快乐成长,何等和谐的关系,何等温馨的场面!眼前仿佛出现这样的场景:姐弟俩在书桌上各占一角,静静地翻阅书本,偶尔传来几声清脆的吵闹声和笑声……

(张艳霞)

作者简介

　　刘震云　1958年生于河南延津。当代作家。代表作有小说《故乡天下黄花》、《故乡面和花朵》、《一腔废话》、《塔铺》、《新兵连》、《单位》、《一地鸡毛》、《手机》、《我叫刘跃进》等。作品曾多次获奖,并被改编为影视剧本。

童年读书

□ 刘震云

　　一说起读书,就让人想起自己的童年。因为人第一次接触书,总是在童年时候。记得我童年时候,给我印象最深的一篇文章是《我要读书》,里面写了一个穷苦孩子对知识的向往和读书的不容易。我小时读书,也是我外祖母拿五块钱救济金把我送进学堂的。记得学堂是一个牛屋,四面掏了几个洞,课休时从洞里爬出去,就到了麦草堆里。记得老师叫孟庆瑞,慈祥年长,长留在我的记忆里——仔细算一算,那时他也就三十来岁吧,带着一个俊俏的老婆,还有两个孩子。我现在仍然记得第一次发书时,我闻到那书的清香和油墨味;放学回家,还放到外祖母鼻子下让她闻。从那时到现在,再没有闻到那么清香的书了。那时的书籍,为什么就那么香!

　　书发到手,接着就是包书皮。外祖母不识字;由于不识字,她把读书看得特别神圣和不容易。她常拿着书本用眼睛照(直到现在还如此),说:"打死我也学不会!"所以听说我要包书皮,从箱底把她最珍贵的一叠绿花格子油纸拿了出来——这是乡下人出嫁闺女时贴箱底或过年时贴窗户用的。这种既朴素又很清香的纸,现在也见不到了。据现在回忆,这纸的来源,似乎是在城里工作的父母几年前捎回来的。在我上学的问题上,父母不大负责任,说本来家中生活就紧张,小小年纪上什么学!他们不知道这上学的机会是多么难得:多少年村中无学校,这时好不容易来了一个孟庆瑞老师,村里的顽童,十几岁的也有,像我这样五六岁的也有,全部鱼龙混杂在孟老师的门下。错过这机会,何年何月还能再上学?何况别人都去上

凡看书不为书所愚始善。

学,剩我一个人脱离、游离大家,也让人感到孤单和不放心。我哭闹,听到消息,从野地光着身子旋风般到家。外祖母虽目不识丁,却深明大义,掏出自己当五保户的五元救济款,手拉手把我送进了学堂,又闻了我的书香,替我包了书皮。

闻过书香,包过书皮,接着就开始学书中的内容。无非是"大、小、多、少、上、下、左、右"这些既简单又一辈子难以弄懂它们深刻意蕴的单字。为了学会这些既复杂又简单的文字表皮,我多次在外祖母纺车前的油灯下犯难。一次啼哭着去请教一位表兄,被他拒绝。这位表兄的父亲,上私塾时潇洒无比,把书上犯难的字都抠下来,说:"哪里短这两个字!"轮到表兄,却对字如此吝啬。为这拒绝,我记恨了很长时间。

等这些字从外形上认识得差不多了,我的父母来了,说为了更好地读书,要把我接到城里。这使我很愤怒。我自小跟外祖母长大,现在为了读书,我却要告别外祖母。一方面我感到了自己读书的失败,世界正在给我编织阴谋;另一方面,我对书本产生了刻骨的仇恨。我想,这是我从小学到中学学习一直不好的主要原因。到了城里的学校,一位老师指着我的小手说:"看,脏得像老鸹爪子!"

与你共享

求学的路上总有很多有趣而有意思的事情,它们留在脑海里,慢慢地沉淀成珍贵的记忆。潇洒、愤怒、淘气……这些难忘的往事,都缘起于书,每翻一页,都会沉淀一点。每每回顾童年读书趣事,总能让人忍俊不禁。

(张艳霞)

作者简介　冯亦代（1913~2005）　原名贻德，笔名楼风，浙江杭州人。文学翻译家、散文作家、学者。著有散文集《龙套集》、《书人书事》、《漫步纽约》，代表译著有海明威《第五纵队》等。1993年80岁的冯亦代与68岁的黄宗英结为伉俪，成为文坛一段佳话。二人常以书信互诉真情，出版有情书集《纯爱》一书。

漫话读书

□冯亦代

或有问我是怎样读书的，容我慢慢道来。

起初我一个时候只能读一本书，特别是读理论书；但长时间只读一本书，不免觉得厌气，只能放下书来不读，去做一些别的事情，等到重又拿起书时，总觉得有难以为继的迷茫。在读文学作品时，尤其是看长篇小说，读着读着就读到书里去了，甚至废寝忘食，欲罢不能。这样又走到了另一极端。

后来我偶然读到一篇美国大文豪海明威的访问记，他读书是同时读几本的，以后又见到当代美国作家诺曼·梅勒的访问记，他也同时读几本书。我当时颇以为奇，心想一个人怎么能那么快速改变他的思绪呢。1980年我去美国访问，在一次招待酒会上遇到梅勒，便抓着这个题目向他请教。他说这习惯可以有意识地养成，久而久之，便成了习惯；他起初时只是个偶然的行动。有一天，他正在书斋里津津有味地读一本书，忽然邮件送来了，其中有一本作者送给他的书，他便放下原来在读的书，而把刚送来的新书翻了开来，这样便读了下去，脑里并不觉得有任何干扰，而且那种因久读一书所生的倦怠，也因接触了新的内容消散殆尽；他感到忽然发现了一个新大陆。以后一本书看得厌烦，就另拿起一本，从同时读两本书，一直到同时读六本书。每换一本，就有新的感觉，而那种读一书的陈旧感也一扫而空。他发现以新的心情吸收新的内容，不但不会打乱他的思绪，反

读书做人，不是两件事。将所读之书，句句体贴到自己身上来，便是做人的法，如此方叫得能读书。
——（清）陆陇其

而增加脑子吸收新刺激的效力。我听了他的话,回到旅舍,便有意识地加以试验,以后也就养成了习惯,但只能以同时看三本书为限,多了还是不成,而且理论书也不能两本同时读,否则思绪便搅成一锅粥。

古人每以一目十行称许饱学之士,过去我总以为是夸张,但试试也成。你把那些文章中的虚词形容词都去掉,十行也就剩不多几个字,再加以融会贯通,一目十行也是做得到的。但是我觉得要精读就不成了,精读需要下死工夫。一本书如果先读目录,把内容大致理一理,再读时便可省却许多时间,否则一时读几本要精读细读的书,我的经验是行不通的。可惜当时我没有问梅勒的经验如何。

这种一时读几本书的事,适合于时间不够的人。如果时间充足,那就无须这样赶读了。但作为读书时的休息,一时读几本,倒有极大帮助。因为可以使脑子得到新刺激而忘掉疲倦,也可以说这是心理上的一种移情作用,是不是的确如此,我非心理学家,不能妄作主张;但我总觉得一时读几本书完全可能。

现在我老了,已从繁杂的工作中退了下来,要读书有的是时间;正因为年老时间充足,读书便不能无为而治,要读更多的书。书也有涯,而书也无涯。古时读书五车,那时用木简,五车便了不起,如今是二吨半的大卡车,可以装多少书?我看是无法读完的,这就需要抓时间。我们要善于抓时间,一时读几本书便是个办法。

与你共享

时间有限,而需要读的书却有很多,怎样在极短的时间里读到更多的书呢?读书的方法有很多,而"一时读几本"恐怕是最好的解决办法了——这样能使脑子不断得到新的刺激,审美疲劳也随之消去。你不妨也试试看。

(张艳霞)

作者简介

戴厚英(1938~1996) 女,安徽颖(yǐng)上人。当代作家。毕业于华东师范大学中文系,曾任上海作家协会文学研究所文艺理论组助理研究员、复旦大学中文系教授等。著有《人啊,人!》、《诗人之死》、《谷中的足音》、《锁链,是柔软的》、《戴厚英随笔》等。

书 的 蛊 惑

□戴厚英

当了作家之后,时常有人问我:"中外著名作家中,你受谁的影响最大?"我常常不知该如何回答。因为在当作家之前,我喜欢过不少作家的书,所有这些作家都影响过我,实在分不出谁"最大"谁"最小",可是当了作家之后,所有这些影响又似乎缩小了,缩小到几乎不留痕迹,更排不出谁大谁小了。

我最早接触文学由"听书"开始,所听的都是流行于乡镇之间的市井文学,有话本和唱本两种,前者由说书人说,谓之"说评词";后者由唱书人唱,因常以大鼓伴奏,所以叫"唱大鼓书的"。究其内容,则不外言情、剑侠、神怪之类,有古典名著如《三国演义》、《红楼梦》,但更多则是无名之辈所作的拙劣货色。

那时我们那里对女孩子还管得严,不许到书场去听书,只能在家里听。在我的乡亲中,喜欢业余说书、唱书的人很多很多。我家对面有一个说评词的,每晚摆摊,一壶茶、一块"惊堂木"、一把纸扇,便能把许多古人古事都装演出来。说书先生是读书世家的末代子孙,被鸦片烟枪败坏了美好前程,便以说书谋生。此人平时一副鬼模样,走路也使不出四两力气,可是说起书来就神气非凡了。但见他"惊堂木"一拍,两眼一睁,再把一条腿往凳子上一踩,真是勇猛如出水蛟龙,灵活胜林间猢狲。不是"活武松"就是"活曹操",姜子牙、黄天霸、穆桂英一个个都从他嘴里复活了。

信而好古,温故而知新,是读书得力处。

——(清)冯 班

我和我的小朋友扒在门缝里往外瞧，只要心静，也能听得一清二楚。记得那天听《封神榜》，听到"九曲黄河阵"那一节，听到一个个活人被扔到阵里立即化为血水，不由得一阵阵"打激灵"，又忍不住把耳朵往门缝里挤。

我经常的听书场所是在我们家的后院里。后院住了一个做小生意的和一个卷烟的，都爱唱书，每逢闲暇，便免费招待前院邻居。他们所唱的腔调，与街上的唱书人相差无几，只是没有大鼓伴奏，而且因为识字不多，常常打顿。但对我们这样的听众来说，已经够好够好了。而且叫人奇怪，平时非常熟悉的人，又不化装，如此这般拖腔拉调、摇头晃脑地唱着，竟然没有觉得好笑。大人小孩都听得十分认真，津津有味，随着他的声调哭哭笑笑。女人们感兴趣的多半是公子落难、小姐养汉之类的，听到温情猥亵处，便嗤嗤地笑；听到"棒打鸳鸯"的时候，便哭鼻子抹泪。我却爱听剑仙侠客的故事，也爱听《杨金花夺帅印》、《十二寡妇征东》、《薛仁贵平西》之类，爱到了着迷的程度，做起小剑侠的梦来。日间，与小朋友一起习武，踢腿、下腰、劈叉、倒立，像模像样，不但为中学时当体操运动员打下基础，而且为以后下干校劳动准备了健壮的身体条件。夜间便做梦腾云驾雾。技巧十分简单，将一方手帕铺在场上，画个十字，脚踏上去就飞起来，当然常常飞到中途蹲下来，眼一闭，死了算了，醒来一身汗。这还不够，真想上山拜师学道，只是不得其门而去。于是仔细留意街上乞讨的道士，看看他们谁能收下我。在我看来，这些道士都是山上下来的高人，故意装作可怜模样考察人心的。不然他们何以把大针别在脸口的肉上，针上又穿了丈把长的铜钱串，拖地而行毫不疼痛呢？那天碰上了个跛脚道士，蓬头垢面，衣衫不整，肉上也别针，针上也穿钱。我断定他的"道行"必定更高，他的跛脚也是故意装扮的。看着他满身的污垢，便想起书上写的情景：那道士哈哈一笑，眯起双眼，用手指在脖子上搓了几下，搓下两块污泥，捻了捻，用嘴一吹，又用手一张，只见两道剑光一闪，直刺那人眼睛。说时迟那时快，那人躲闪不及，立即"噗"的一声倒地，大叫饶命啊饶命！那一身污垢着实是宝啊！于是我跟着这位道士走，别的孩子起哄，我只虔诚地看着他，希望他能注意到我。可惜，他对小孩一律讨厌，眼睛只盯住大人们——他的施主。我悻悻然回到家里，怀疑是因为自己皮肤太黑，不引人注意。妈妈见我如此痴迷，便说，等你长大了，就送你上山学艺去。我便等着长大。

可是没等我长大就换了人间了。剑仙侠客一类书也不能听不能看了，只能看革命的书。我便把做剑侠的心收起来，读起了革命书，多半是前苏联卫国战争时期的小说。《青年近卫军》、《卓娅和舒拉的故事》等，还有中国的革命书革命戏，《白毛女》呀，《血泪仇》呀，等等。很快也迷起来，而且做起了英雄梦。革命英雄与剑侠比起来，少了仙气，多了人气，但我却觉得比剑侠更难学。剑侠只要得了道，攻可以无坚不摧，自己又刀枪不入；守则可以隐身，可以腾云，还可以土遁、水遁、火遁。革命英雄却只有一身筋骨，要靠意志去战胜敌人的酷刑。想想真害怕，打成残废多难看呀！但是不当英雄还能当叛徒吗？于是拿定主意，熬不住酷刑就自杀。好在没有真到这样的时候，否则我早就光荣牺牲了。

英雄梦做到大学便不做了，西方18、19世纪文学给我提供了另一种世界，我又入迷起来。这时候迷那些洋佳人洋才子的故事，《简·爱》啦，《傲慢与偏见》啦，《安娜·卡列尼娜》啦，想过他们那样甜甜酸酸的生活，日记上抄满了书上摘下来的诗句，自己也如法炮制又想象和描绘自己的生活。可惜这些日记都在"文革"中烧了，否则会再拿来看看一定很有趣。

这种痴迷受到了"反右"的挫折，虽然因为当时年轻懵懂，没有成为右派，向党"交"了"心"便过关了，但前车之鉴，到底吓出了一身冷汗，并从此懂得读书须论阶级性。

自从有了阶级观点，读书入迷的时候就少了，因为头脑里总有一盏"警惕小资产阶级情调复活"的红灯亮着，比如一边为《雷雨》中的人物哭着，一边想，不要中毒啊！是超阶级的人性论呢！想一想，这也是入迷。几乎痴迷到疑神疑鬼的程度了。

对小说的痴迷结束于自己开始写小说的时候，不惑之年。我好像突然发现所有我曾经入迷的小说和我经历的看到的人生和社会相比，都是苍白贫乏的，不过是作家贡献的一种迷魂剂，一种人类蛊惑。而我这一生之所以过得如此不如意，因为受到的蛊惑太多太深了。不读别人的小说而写小说给人家读，绝不是要实行报复，而是出于无奈，好像缺了蛊惑不能生活，别人的蛊惑生了效，便自己蛊惑自己。遗憾的是，同时也蛊惑了广大的读者。所以我要郑重声明：世界远远没有我在小说中写的那么可爱，别受我的蛊惑！

人是活的，书是死的。活人读死书，可以把书读活。死书读活人，可以把人读死。
——郭沫若

与你共享

有时候,书就像娇艳的罂粟花,蛊惑着我们走向它,贴近它……这种美丽的蛊惑往往让人沉醉,渐渐成了读书人生活的一部分。其实,书只是招了招手,我们却心甘情愿投地入它的怀抱。 　　　　　(张艳霞)

作者简介　威廉·萨默塞特·毛姆(1874~1965)　英国小说家、戏剧家、文艺评论家。1897 年发表第一部长篇小说《兰贝斯的丽莎》。最著名的剧本是 1921 年创作的《圆圈》。他的主要成就在小说方面,著有长篇小说《月亮与六便士》、《寻欢作乐》、《刀锋》等。

书 与 你

□ ［英］威廉·萨默塞特·毛姆

为乐趣而读书

　　我所谓的"你"是指那些除了职业以外仍有闲暇的成年人而言。而且,他们愿意读那些如果没读即将是一种损失的好书。我所谓的成年人,并不包括"书虫"在内,"书虫"们会自己寻路,好奇心将引导他们踏上人迹罕至的小径,重新发现已被遗忘的好书,会带给他们莫大的愉快。我想谈的都是真正的杰作,这些书长久以来就被一致公认为了不起的作品,我们大家都被假定为早已读过它们,可悲的是,其实只有很少人真正读过。但也有一些杰作,所有最好的批评家都已予以定评,它们在文学史上也已有了不朽的地位,可是,除了文学专业者仍将它们视为经典之作外,今天大多数的人已无法再以享受的心情来阅读这些书。时光流逝,鉴赏不同,夺去了它们原有的馥郁,如今除非有极坚强的意志力,实在难以下咽。举例来说:我曾读过乔治·伊利奥特的《亚当·贝德》,但我无法从心底说:我是怀着快乐的心情来阅读的,读它多半是出于一种责任感,读完时忍不住出了一声舒畅的长叹。

对于这一类的书,我无话可说。每个人都是他自己最好的批评者。不论学者们对一本书的评价如何,纵然他们众口一致地加以称赞,如果它不能真正引起你的兴趣,对你而言,仍然毫无作用。别忘了批评家也会犯错,批评史上许多大错误往往出自著名批评家之手。你正在阅读的书,对于你的意义,只有你自己才是最好的裁判。这道理同样适用于我即将推荐给你的书。每个人的看法都不会与别人完全相同,最多只有某种程度的相似而已。如果认为这些对我具有重大意义的书,也该丝毫不差的对你具有同样的意义,那真毫无道理。虽然,阅读这些书使我更觉富足,没有读过这些书,我一定不会成为今天的我,但我仍然请求你:如果你读了之后,觉得它们不合胃口,那么,请就此搁下,除非你能真正享受它们,否则毫无用处。没有人必须尽义务地去读诗、小说或其他可归入纯文学之类的各种文学作品。他只能为乐趣而读,试问谁能要求那使某人快乐的事物一定也要使别人觉得快乐呢?

读书的乐趣

请别以为快乐就是不道德,所有的快乐本身都是很好的,只是它所造成的后果,常使敏感多虑的人想要逃避。快乐并不需要下流或肉欲。往昔的智者们都认为只有知性的快乐最令人满足而且最能持久。养成阅读的习惯实在受用无穷。很少运动能让你在过了盛年之后仍能从其中获得满足,除了独人牌戏、打棋谱、填谜外,很少有游戏能不需同伴而独自一个人玩,阅读就没有诸如此类的不便,几乎没有一种工作能像阅读这样——只除了针线活儿,但缝纫编织只用手指,无法约束不安定的精神——随时随地可以开始,一旦有要紧事不得不做时,又能立刻放下。在今天这个快乐的时代里,我们无法从公共图书馆中获得另外的娱乐,何况普及本的价钱

虚心涵泳,切己体察。朱子教人读书之法,此二语最为精当。
——(清)曾国藩

又是如此便宜。养成阅读的习惯等于为你自己筑起一个避难所，几乎可以避开生命中所有的灾难。我说"几乎"，因为我不能强辩说阅读可以缓和饥饿的痛苦与失恋的悲哀，但五六本精彩的侦探故事，再加上一个热水袋，却能使任何人不在乎最严重的感冒。如果我们被迫去读那些令人觉得厌倦的书，又怎能养成为阅读而阅读的习惯呢？

读书的方法

最好，你还是随自己的兴趣来读，我也不劝你一定要读完一本再换另一本。就我自己而言，我发觉同时读五六本书反而更合理。因为，我们无法每天都保有不变的心情，而且，即使在一天内也不见得会对一本书具有同样的热情。在这种情况下，我们不能不为自己打算。至于我，当然选取最适合我自己的计划。

清晨，在开始工作之前，我总要读一会儿书，书的内容不是科学就是哲学，因为这类书需要清新而且注意力集中的头脑，这样我一天开始了。当一天的工作完毕，心情轻松，又不想再从事激烈的心智活动时，我就读历史、散文、评论与传记；晚间我看小说。此外，我手边总有一本诗集，预备在有读诗的心情时读之；在床头，我放一本可以随时取看，也能在任何段落停止，心情一点儿不受影响的书，可惜的是，这种书实在不多。

与你共享

如果说人和书之间隔着一个东西的话，那么，这个东西可能就是人对书中世界的认识和感悟——它对某些人来说是薄而轻的纱，它对另一些人来说却是厚而重的墙。然而，凭借着阅读兴趣，人们可以撩开轻纱，也可以拆除厚墙。

（张艳霞）

作者简介

洪声（1940~2004）　原名蔡洪声，广东潮阳人。当代作家。著有《台港电影与影星》，诗集《故乡的白玉兰》、《情缘》、《今晚他没有舞伴》等。其小说集《今晚他没有舞伴》获中国新文学学会文学奖，散文《美浓客家情》、《台北夜话》、《花莲艳遇》分别获第五、六、七届海峡情征文优秀作品奖。

借书旧忆

□ 洪　声

　　人到中年，一些遥远的往事又不时在脑海中闪烁。有那么一个夜晚，如在眼前，久久地让我牵引……

　　时光回到二十多年前，我那时还是一个刚读初中不久的学生。不用说那时的日子是怎样的黯淡了，生活上的穷困且不说，精神上也是可怕的贫寒。对我这个渴望读书的学生来说，最深的饥饿感莫过于无书可读。除了那些连篇累牍的"语录"和政治小册子，再有几本单调乏味的课本，便不能奢望其他的书源了。家里有本劫后幸存的《三国演义》，"文革"前人民文学出版社出版的直排繁体本，还是一本下册，书角和封面都残缺破损了，皱巴巴的，我却不知读了多少遍，滚瓜烂熟，成了我在同学中讲故事时自以为荣的一大资本。然而对如饥似渴的我来说，这一本远远是不够的。我渴盼读更多的书，特别是文学书。我把家里的每个角落都翻遍了，除了找到一本母亲治病用的《农村医疗手册》和《常用中草药》，便别无所获。万般无奈，我也只好退而求其次，看起这两本医书来，虽说和文学风马牛不相及，居然也读得津津有味。但很快又面临书荒了，我不甘心，总希望会有奇迹出现。

　　后来听母亲说，早在几年前"文革"爆发时，我那时还小，父亲害怕抄家，便把几大箱中外名著，包括外公留下的一大堆古旧书籍全当废品给卖掉了。原来如此，怪不得家里空空如也。少小的我，那时听了心里不知有多凄凉。有好长一段时间，我望眼欲穿，做梦都想着那几箱被卖掉的书会从

读死书是害己，一开口就害人；但不读书也并不见得好。

——鲁　迅

天而降。我又去向邻居们打听，没想到情况更糟，他们本来就不是读书人家，连书的影子都找不到。我绝望了。此愁无计可消除，放学回家后，一到夜晚，便百无聊赖，只好和邻居的同伴三五成群，四处游荡……

知子莫若父，一向对我严厉苛责的父亲，当他隐隐觉察到我无书可读的苦闷后，却以少见的温和宽慰起我来。他说不要紧的，他可以想办法帮我借书。他深重地叹了一口气，好像为这日子的艰难焦虑，又为我这一代读书的贫乏隐忧。

父亲曾是部队报社一名上尉军衔的年轻记者，也曾是热情洋溢的文学青年，发表过不少作品。1957 年被打成"右派"后，便流离失所了。"劳改"，挖煤，烧砖，民办中学教书，在社队和街办企业跑供销……风风雨雨，青春就这样凋谢了，年轻时的文学之梦也已破碎。谋生不易，每天一大早，就骑着一辆破自行车四处奔波；劳碌一整天后，回到家里，已是筋疲力尽，唯一的慰藉便是抽几支烟，喝一杯酒。

日子的重负使他好像有些消沉，脾气也变得十分焦躁，我平时都不敢多跟他说话。可是，当他了解到我心底的愿望时，从不苟言笑的他，却和蔼地和我谈起话来，特别谈起他年轻时读过的外国文学，让我好生羡慕和感动……

就在一个寒冬之夜，冷风刺骨，冰凉的雨丝一阵阵飘来，长沙阴郁的严寒是令人生畏的，而我却沉浸在热烈和兴奋之中，因为父亲今晚要带我到他的一位友人家中借书。

父亲骑着车，我坐在后座，一路上迎着寒风冷雨，我心头却格外的温暖，我很快就有书看了。大约一刻钟，在一处静僻的小巷中便找到了那位友人的家。那位友人叫陈明恕，戴眼镜的，是雅礼中学的教师，听父亲说，他还是国民党高级将领程潜先生的后辈。也许是他受惠于家泽之厚，以我当时的眼光来看，在他家里我才第一次领略到那么豪华典雅的书房。那盏橘黄色的台灯，那张黑色宽大的沙发，还有那座深棕色的玻璃书柜，无处不弥漫着一股浓浓的书卷气息，一种难言的雅致一下子让我肃然起敬。椅上、桌上、床上、柜中，似乎满屋子都是书。我暗自惊羡不已，原来还有如此富有的世界。

在主人的允诺下，我小心翼翼地走到那个书柜旁，书香扑面而来，太诱人了，我贪婪地打量着那些书名：《人民文学》、《世界文学》、《复活》、《铁流》、《青年近卫军》、《静静的顿河》……我大开眼界，我太惊奇了，真恨不得将这些书席卷一空。谁知道我那时燃烧如焚的饥渴啊。作为晚辈,我当然不敢贸然开口,只是恭敬地听父亲和他聊天。不能说主人不慷慨,但我从他的语气神情确能感到,这些书是不能轻易借出的。

大约半个小时后,谢天谢地,总算不枉此行,父亲向他借到了四本书,其中有两本便是父亲曾对我提到过的前苏联诗人马雅可夫斯基的诗集。别提我有多么的快乐了,回家的路上,我坐在车后,借着路灯的一点微弱的光线,时不时将那几本书从包里掏了出来,瞧一瞧,再放进去。久旱逢甘雨,那时我多么幸福啊!

与你共享

对我们来说,可怕的是不物质上的贫穷,而是精神上的困顿。有了对书的向往和追求,便有了精神的寄托。盼书,借书,然后读书,恐怕是物质条件艰苦的人对精神生活的最好补偿。古人的"书非借不能读也"也提醒我们,除了买书,借书更是酷爱读书的表现。

(张艳霞)

作者简介   张抗抗 女,1950生,浙江杭州人。当代作家。1972年发表了第一篇短篇小说《灯》,以后又相继发表短篇小说《爱的权利》、《夏》、《白罂粟》,中篇小说《淡淡的晨雾》、《北极光》等。散文随笔集《你对命运说:不!》,曾畅销一时。

大写的"人"字

□张抗抗

有一日我突然悟出,我的先天性营养不良或是某种维生素过剩,也许

读书三十年,方悟"惭愧"二字。

——(清)王 晫

都应归咎于那句话。那句话在 30 年前就作为父母的座右铭写在了我的掌心。那句话是说,中国现代文学几乎无可一读,要读就读外国文学。

家里果然都是外国文学。从老托尔斯泰到盖达尔,从普希金到肖洛霍夫。除了一套《安徒生童话》以外,这个外国文学的天地长满了俄罗斯和苏维埃的枞树、浆果和马铃薯。那时候以为外国文学就是沙皇、哥萨克再加苏联红军。这一段近于崇拜的痴迷,在我整个一生的文学信念中打下了崇高与美的桩子,并在这个根基上建立起对真诚的笃信。少年至青年时代俄苏文学的阅读经验,在我血液中注入的基调便是笃信。这也许可以称之为第一阅读层次。然而,当若干年后疯长的叶片覆盖了我几乎整个心灵的天空,而将人类自审之光拒之于外时,我才惊讶地发现,一度疏漏了陀思妥耶夫斯基这颗巨星是多么遗憾的损失。假如我早一点儿读懂陀氏,也许我不至于那么晚才摆脱幼稚。

然而,阅读的经历本身就是人生的经历。我记起那个狂热的 60 年代末,最初触摸着陀氏作品时所感到的那种对苍凉人世的恐惧和怅惘,使我本能地疏远它。20 多年后重读《卡拉马佐夫兄弟》,却在灵魂中引起了强烈震撼,好似自己又重新活了一次,或刚刚从头开始活;因着如同哈雷彗星般回归的《罪与罚》、因着复生的《日瓦戈医生》和《阿尔巴特街的儿女们》,在我临近 40 岁的时候,重新意识到俄苏文学依然并永远是我精神的摇篮。岁月不会锈蚀埋藏在生活土壤之下的崇高与美的地基,我们拆除掉密不透风的愚昧的笃信,重建开启了疑问之窗的笃信。如果不笃信在人世的丑恶与伪善之上,还有超越了世俗的光荣与爱之神的召唤,人生还有什么值得过的呢?

外国文学之旅的第一层次,结束在 1969 年夏天。我从家中封存的书籍中,偷出了那本珍爱的《青年近卫军》,踏上遥远的北去列车之时,车轮碾碎了往日的童话给予我的全部梦想。

那以后有一个没有书籍没有文学的饥饿年代,在冰凉的土炕上翻烂了从家里带来的书。有时会从别人的炕席下冒出一本没头没尾的《高老头》或是《斯巴达克思》,冒着被没收的危险,也许还会摸黑走许多路去别的连队交换。外国文学,天边的一片彩霞,你仰望它、渴慕它,却不可能将它踏实地拥在怀里。头顶沉沉的乌云总是落着失望的雨滴。然而,阅读的第二层次却偏偏开始在这样的落寞与苍茫之中——每年一度的探亲假，回到江南家中，它这个无法囚禁的幽灵便又悄悄走来与你相伴。在普天下对"资产阶级文艺"的禁令中，寻书觅书竟有一种类似偷情的快感，实际上你们彼此从未背叛与分离。

就从那个时候，我开始隐隐感觉到了前面所说的阅读经历是人生经历的一种组成。壮丽崇高的俄苏文学极自然地从我面前隐遁。狡诈的老巴尔扎克、凄惨的狄更斯、神秘的梅里美、浪漫的雨果陆续向我走来。那一阶段我读的几乎全部是英法文学。由于"历史问题"被发落到图书馆去工作的我的母亲，为我提供了阅读的方便（感谢 20 世纪 70 年代的专案组），我于是好像登山走到了海拔某个高度：阔叶林渐渐消失，只剩下耐寒的针叶林以至最后的高山苔原。书中残酷的世相及复杂的人际关系，撞击着我简单的头脑，并响起一声声痛心的发问。读懂了某本书，恍然发现自己终于长大了。1975 年我在上海修改长篇时，我的抽屉里就放着一本一个复旦大学工农兵学员借给我的《简·爱》，她断言我必定喜欢这本小说。事实上我没有爱上简·爱，却引发了对情感的深思。记得当时出版社的负责人问我有什么要求，我竟然毫不犹豫地请求开一张证明，去阅读图书馆不外借的外国文学名著。那个酷热的夏天，我每天一动不动地读着大仲马、小仲马、哈代、罗曼·罗兰。我深爱《德伯家的苔丝》和《九三年》。恰恰是在那一个沉闷黯淡的时期，人文主义的阳光第一次照亮了我混沌的心灵，冲击着编织多年的思想藩篱。面对窒息的现实，便开始有了不满、有了质问、有了沉思和探询。我确信在那几年以后，即 70 年代末我走向文坛初期，如泉水般喷涌的那些作品中，所试图表现的人性、尊严、价值观等一切与此相关的话题，都是在那些饥渴的阅读中埋下的种子。如果说第一阅读期在崇高与美的桩子上建起了我对人生意义的笃信，那么第二阅读期所建起的便是：怀疑与发问。

尽管后来对英法文学的了解，渐渐延伸至乔伊斯和劳伦斯，延至萨特、罗伯·格里耶和加缪。但在那个极其压抑的环境下生发的对现存秩序的怀疑与发问，在我整个创作生涯中，如登山的鞋子一般与我同行。

1978 年以后至今的日子，我想可以算做阅读的第三层次。中国对世界打开了滞重的大门，世界的现代文学宝库亦对中国敞开了大门。在这个令人炫目的文学世界中，最先读到的便是约瑟夫·海勒的《第二十二条军

读书要目到、口到、心到。
——（清）左宗棠

规》。随即是福克纳、索尔·贝娄、欧茨，还是艾丽茨·沃克……还有回过头去重新注视的海明威和斯坦贝克。对现代世界充满了反叛精神的美国文学，使我重新思考传统的真善美价值一元论与个人选择的深刻矛盾，思考人之非理性与行为、生命的关系。这是一次现代意识的重新启蒙。新奇而别有意味的小说形式，亦使我顿悟小说还可以有这样千奇百怪的写法；随后，蜂拥而来的卡夫卡的绝望、迪伦马特的虚无、君特·格拉斯的荒诞及其他一系列现代德语小说，也为我以文学反思人性的本质、人类生存的困境提供了新的佐证。这一时期阅读的外国文学作品，真是令人眼花缭乱，目不暇接。我在惊喜与狂热中生吞活剥所能读到的新小说，我觉得自己进入了一个奇妙的新世界。然而，各种贴有不同主义和流派标签的新小说，呈现给我的几乎只有一个特征，那就是传统小说秩序的破碎崩溃和重建。小说天地已不再有任何模式和规范。奇异的构思、叙述方式和富有弹性的语言，创造出了一个与现实生活形成强大反差的、极其自由宽广的艺术空间。小说变得无所不可为和无可不为。现代小说自由的灵魂已超越了它痛苦而荒谬的躯体，而还原为自我实现的可能。它们对我的吸引甚至超过了小说本身，我试图踩着这叶空中之帆，驶越浊浪滔天的人生之海。而如何写自己的小说反而变得无关紧要甚至一片迷惘。

紧接着便是席卷文坛的拉丁美洲文学热。依着好奇与时髦的惯性，我也读马尔克斯、博尔赫斯、略萨……我与职业文人们一道，去探究那块蛮荒之地的民族文化之根；探究从那纷乱无序的小说写法中，重新聚合与明晰起来的讲故事的方法。陷入故事的泥塘之后使我手忙脚乱。据说没有根的作家根本不能算作家，不会讲故事的小说家也不能算做小说家，于是在拉丁美洲魔幻的阴影下，我终于发现自己从南到北漂泊多年，非但无根也不会讲故事。我的小说等于零？

读了几十年外国文学，读到最后便是如此一个怪圈。

如果阅读最终已经成为一种裹挟你、指使你、支配你的身不由己的时髦新潮；如果阅读不再是一种个人的选择、个人的意趣、个性的默契；如果阅读不再是一种仅仅属于你自己的人生经历，那么我应该早已淹死在浩瀚的书海中，失去自己创作的冲动。我绝无必要在此夸夸其谈。正如我的小说是写给我自己和与我相通的读者，那些遥远的陌生的异国作家，哪一位是为了我而写作的呢？

从屠格涅夫到乔治·桑到杰克·伦敦到艾赫玛托夫，我无法说出我最喜欢的和最不喜欢的作家。我不能说谁是最优秀的和最不优秀的。我只知道世上一定有一本书是真正属于我的。不要用古董搜集者和拍卖行的鉴赏家的眼光去看它们，属于你仅仅因为它发出了你心底久远的呼唤——事实上，这些年在外国文学书海的徜徉中，我捡起的一只只贝壳都已成为书架上的标本，却有两只贝壳依然栩栩游动在我心的海湾里：一只是《一九八四》，另一只是《生活中不能承受的轻》。

当然不会是怪圈。小说毕竟不是画出来的。如果第二层是怀疑，那么第三层便是不再回来的叛逆。

很多年前父母对我说，要读就读外国文学。很多年后才知道这话的原意竟是出自鲁迅先生。先生的遗训虽有崇洋媚外的嫌疑，却毕竟让人深思可读可不读的中国文学到底生了什么毛病。我绝无意否定悠远古老的中国文化传统，但对于步入现代社会的作家，更重要的也许是对人自身的认识和关于自由的启蒙。说到底，读人家的书，还得写自己的书；打入地下的桩子上，还得盖起自己的房屋。外国书读得再多，总不至于会脱胎成外国人。怪圈里那股水流倒过来看，也许是一个螺旋体，只看你手中的标尺了。

记得《读书》上有篇文章曾说，中国人首先关心的是做"中国"人，然后才是人，却不知人首先是人，然后才是中国人。我以为极精彩。中国人与外国人，都有地球人无以解脱的共同苦恼；中国文学与外国文学，亦如地球一样，本应是无国界的流通领域。我想鲁迅先生与我父母都是有远见的。更何况，不知人们是否发现，构成外国文学的外语，确切地说，条顿语系中的英、法、德语与汉语之不同，还在于它们有一个大写的"人"字，大写的"人"字是否又恰好为中国文学补上了一处缺口呢？至少在那些为我写的书和我为别人写的书中，隐隐地透出这个心迹。

与你共享

不错，阅读经历是人生经历的一种组成。在阅读过程中，我们不自觉地会渗透个人的生活体验，参与作品的再创造，仿佛在和原作者对话一样。人性是相通的，因为作品凸显了大写的"人"字，所以才会产生这种共鸣。　　　　（张艳霞）

书籍是全世界的营养品。生活里没有书籍，就好像没有阳光；智慧里没有书籍，就好像鸟儿没有翅膀。
——[英]莎士比亚

作者简介

邓肯·布兰恰德 曾在美国海军服役,由于偶然捡到了格罗夫·威尔逊的《科学伟人》一书,读后深受启发,从而走上了科学探索的道路,并获得物理博士学位。著有《雨夜中的一本书》。

青少年受益一生的 名人读书经验

雨夜中的一本书

□ ［美］邓肯·布兰恰德　　张庆龄　译

　　我过去从未想过要当科学家。据我所知,很多科学家年轻时,不是在放学后组装收音机,捣鼓旧马达和汽车,就是配制化学试剂。那些化学品燃烧时有绚丽的火焰,有时还在家里的地下室爆炸。这些事我一样也没有做过,因为我从小想当的是商业艺术家。从我记事的时候起,我就对笔和刷子画的混合线条所描绘的事物着迷了。

　　1943 年 7 月 1 日下午,一列地铁火车隆隆地开到马塞诸塞州剑桥市的哈佛广场站。战争的风声已经吹了一年多。我于 1942 年从中学毕业,成绩平平,身无分文。战争打破了我上艺术学校和大学的种种幻想,只好到通用汽车公司当学徒,学习焊接、钻孔和拧螺栓。1943 年春季,我参加了海军 V−12 预备军官计划的考试。一个多月后,接到命令去哈佛大学的海军 V−12 机构报到。

　　就这样,我开始了海军生涯。先是在哈佛,然后在图福兹,课程就像密集的火力网一样向我们射来。除了课堂生活,还有队列训练和柔软体操。我通过了所有科目。那时我认定,海军就是我的生活。1945 年初夏,我才 20 岁。军舰还是把我运到了关岛防空训练中心。

　　关岛的生活正如罗杰斯和汗默斯坦的歌《南太平洋》所唱的一样。尽管战争的创伤还没有痊愈,20 名军官和 200 名新兵却在尽情地享受美丽的海滩、珊瑚礁和轻松的工作。每天晚上都有电视,军官们还可以到一个位于临海峭壁上的军官俱乐部玩乐。

　　所以,直到今天我也搞不清在南海的生活为什么会使我感到烦闷。那真是一种闲适的生活，我的未来也有保障，也许会有无穷无尽的聚会和娱乐。太多的好事也是一件坏事。不知是因为为了一点小事就要填写一大堆表格，还是因为感到等级制度太过分的缘故，不管是因为什么，有一天，当我走在热带丛林中通往军官俱乐部的小路上时，我有一种轻微的不舒服的感觉。

当时，天正下着雨，路旁的灌木叶子反射着微光。突然，我发现树叶中有一件没有发光的东西，我拨开树叶一看，原来是一本又湿又软的书。在黑暗中我看不清书名，于是我就把它带回我的活动小屋。那是一本格罗夫·威尔逊写的《科学伟人》。第二天晚上，等把它晾干后，我就在蚊帐中读起来。书中讲述了阿基米得、开普勒、牛顿、法拉第、巴斯德、达尔文、爱因斯坦这些人思想的探险和发现的远航。我越读，激情越高。

这才是科学！当我读到第二天天亮时，我有生以来第一次明白了科学并不是我在学校必须做的那些可怕的化学试验，或是那些一定要牢记、并在考试时能背出来的数学公式，一点儿也不是！科学是无休止的探索。它透过迷信和无知的幕布，去认识我们的世界，我们的生存环境，以及我们从哪儿来，又将到哪儿去。科学真是一种无与伦比的享乐！为什么以前科学没有对我讲过这些？

在此以后的两三天中，我经历了类似于宗教叛逆般的变化。虽然我想继续留在海军，但海军对我来说已经没有任何意义了，我要做一个科学家。我写信对我父母讲了我的转变。他们过去总是鼓励并帮助我实现我要做的事，可这一次不同了，他们被搞糊涂了。可以毫不夸张地说，他们认为，尽管没有说出来，我一定是染上热带病了。然而，没有什么能阻止我，从发现那本书的时候起，一切就已成定局了。

朗格缪尔的个子比较矮小，有着深邃的目光。我走进这位诺贝尔化学奖获得者的办公室。他对我直截了当，开门见山，既没有问我的学习成绩，也没有问我能做何种水平的研究。他讲了雨滴的形成问题，并简单地阐述了他的关于雨滴通过链式反应形成的观点。在讲述这些的时候，他的声音充满激情。我感觉到，他并没有把我当做工厂的学徒，而是把我当做一个同样对这个问题感到兴奋的人。他告诉我，德国的菲利普·林纳德早在1904年就在实验室中得到了大雨滴，并且是唯一能做到这一点的人。林纳德曾造过一个垂直风洞以使自由下落的雨滴悬浮起来，但悬浮的时间一直没能超

书就是社会，一本好书就是一个好的世界、好的社会，它能陶冶人的感情和气质，使人高尚。
——［俄］波罗果夫

过一二秒钟。朗格缪尔建议我承担起设计和建造一个垂直风洞的工作。如果要成功地使雨滴悬浮起来,我首先要学懂所有关于雨滴动力学的知识。

我带着这个挑战性的课题兴奋地走出朗格缪尔的办公室。不过,我却不知道怎样开始工作。朗格缪尔完全放手由我自己干,他给了我一篇林纳德 1904 年发表的一篇用德文写的论文,他建议我读读这篇文章。我碰上了科学家生涯中名副其实的拦路虎。当时,我所会的德语只有一句——"嗨,希特勒!"

那天下午,我对科学的第二个陈旧观念也被粉碎了。万斯·斯该佛带我去见伯纳德·冯纳格特,在今后的三个月中,我将和他共用一个实验室。原来,我还以为,科学家的实验室一定是非常整洁的,无数的复杂仪器整整齐齐地安放在工作台和架子上。我说过那是我过去的观念。那天下午,我所能看到的却是一间有些黑暗和肮脏的旧房子。屋里到处是电线、旧试管、橡皮管和占据大部分工作台的碘化银发生器零件,液体从一些设备上滴到地板上。

我在伯纳德的实验室的一个角落造了一个垂直风洞。不久,我的角落就和他的一样乱了。我很快就明白了,有控制的乱,而不是非常整洁,恰恰是一个有成果的实验室的标志。我从伯纳德那里学到这一点,并且永远也没有忘记。

我从"卷云研究课题组"的科学家那里学到的另一点就是大多数发现都取决于一种天生的在偶然中发现有趣或有价值东西的能力。朗格缪尔把这种能力称为"从非期待之发现中获利的艺术"。路易斯·巴斯德则以另一方式说:"在观察的田野上,发现仅喜欢有准备的大脑。"

我于 1949 年 9 月离开"卷云研究课题组"去研究生院学习,以后再也没回去。获得硕士学位后,我到伍德·霍尔海洋地理研究院与阿尔弗雷德·伍德科克一道工作。9 年后,我获得了物理博士学位。我已可以在竞争激烈的科学城堡里站稳脚跟,并完成各种有趣的课题。

从关岛那个雨夜我发现一本书的时候起,37 年过去了。回顾过去,我没有什么遗憾。

与你共享

书的力量居然可以令人另辟蹊径,把怀着商业艺术家梦想的人引入了另一条人生道路——科学之路。偶得《科学伟人》是一场美丽的邂逅,因为它改变了一个人的人生轨迹,这充分说明了好书对人有着无穷大的影响力。 (张艳霞)

有书赶快读

和风煦暖的春日里,给自己空出一点时光,在暖暖的春阳下读书,任凭贵如金的春日时光慢慢挥洒,那是一种享受,更是一种幸福。

神游于书的世界,体味艺术的美妙与人生的感叹,待读到会心之处,抿嘴而笑,人生一世,"悦读"二字。拥有这样的信念,最完整、最纯粹的幸福便藏在中。有书赶快读吧!

作者简介　易中天　1947年出生，湖南长沙人。曾任厦门大学人文学院教授，长期从事文学、美学、历史学等多学科研究，著有《〈文心雕龙〉美学思想论稿》、《艺术人类学》等著作，近年出版了《闲话中国人》、《中国的男人和女人》、《读城记》、《品人录》、《帝国的惆怅》、《品三国》、《费城风云》等随笔体学术著作。曾在中央电视台《百家讲坛》栏目讲座《品三国》、《易中天品读汉代风云人物》等，引起轰动。

青少年受益一生的 名人读书经验

春天不是读书天

□ 易中天

春来不是读书天。春天里诱惑太多："天街小雨润如酥，草色遥看近却无"；"几处早莺争暖树，谁家新燕啄春泥"。春天里应该去远足，去踏青。当然，最应该的还是谈恋爱。就连小动物都知道，春天是恋爱的季节。所以，春天即便要读书，也只该读"情书"。

但，春天里读不得书，其他时候就读得吗？也读不得的。春天不是读书天，夏日炎炎正好眠，秋有蚊虫冬有雪，收拾书本好过年。没什么读书的季节。

读书也未必有什么用。"书中自有黄金屋"云云，不过是一帮穷酸秀才编出来自欺欺人的鬼话。那我们为什么还要读书？

我不知道别人是为什么，在我自己，则是因为害怕。

一个人的童年，大约难免是要伴随着恐惧的。讲故事，大概是人类克服恐惧最古老的办法了。

正如"诗是我们悲哀时的催眠曲"，故事也是我们恐惧时的镇静剂。人们讲故事最多的时候是在晚上，而晚上的故事中最吸引人的又是鬼故事（恐怖故事）。黑暗中听一个人讲鬼故事，那种体验是惊心动魄却又极具快感的。几乎没有人能抵御那挡不住的诱惑（太小的小孩子除外）。事实上，只有故事中虚拟的恐怖才能战胜生活中现实的恐惧。

　　没有人会愚蠢到把书等同于故事,但据我个人的经验,读书的爱好却多半开始于听故事。一个人如果从小就特别爱听故事,那么他长大以后也多半会爱读书。我之所以要说"特别",是因为几乎没有不爱听故事的小孩,但特别爱和一般的喜欢还是有区别。特别爱听故事的孩子不会满足于只听大人讲,他还会想办法自己找故事来听。最会讲故事的是谁呢?是书。于是,他就会养成读书的习惯,成为一个读书人。

　　我现在好歹可以算是一个读书人甚至写书的人。但我仍然爱听故事,尤其是爱听鬼故事。我最爱看的书是侦探小说,看过以后终身难忘的,则是两个英国作家讲的两个恐惧的故事:《巴斯克维尔的猎犬》和《隐身人》。记得那是上中学时,一天夜里读完《隐身人》,竟不敢走出房门去上厕所,因为我不知道那隐身人是否就站在门口。也就在那一刻,我突然明白了,原来世界上最可怕的不是看得见的东西,而是看不见的东西。

　　不过,这似乎不该是春天里讲的话。

　　春天不是读书天。春夜里即便闹鬼,那施施然前来造访的,也多半是帅呆酷毙的男鬼或美艳绝伦的女鬼,怕什么呢!

与你共享

　　既然说"春天不是读书天,夏日炎炎正好眠,秋有蚊虫冬有雪,收拾书本好过年",那我们为什么还要读书呢?也许因为在书中我们能够找到生活的刺激,找到精神的安慰,找到感情的寄托,找到未知的粲然。　　　　(王　嘉)

　　每一本书是一级小阶梯,我每爬上一级,就更脱离畜生而上升到人类,更接近美好生活的观念,更热爱书籍。
　　　　　　　　　　　　　　　　　　　　——[苏联]高尔基

阅 读 经 典

□余　华

（作者简介见第 36 页）

　　经典作品对于我们意味着什么？我想就像父亲的经历对于儿子，母亲的经历对于女儿一样。经典作品对于我们并不是意味着完美，而是意味着忠诚。

　　我相信任何一位读者都是在用自己的经历阅读着这些作品的，我们阅读它们是为了寻找自己曾经有过的忧伤和欢乐、失望和希望。当我们在这样的作品中发现了自己的思考时，当我们为别人的命运哭泣和欢笑时，我们就会惊喜地发现：别人的故事丰富了自己的经历。这就是为什么同样一部作品，我们不同时期阅读就会产生不同的感受。经典作品的优点是可以反复阅读，每一次的阅读都会使我们本来狭窄和贫乏的人生变得宽广和丰富，或者说使我们的心灵变得宽广和丰富。

　　维克多·雨果用简单的诗句向我们描述了心灵的面积究竟有多少。他说：

　　　　世界上最宽阔的是海洋，
　　　　比海洋还要宽阔的是天空，
　　　　比天空还要宽阔的是人的心灵。

　　约翰·堂恩的诗句为这宽阔的心灵又注入了同情和怜悯之心：

　　　　谁都不是一座岛屿，自成一体；

每个人都是那广袤大陆的一部分。如果海浪冲刷掉一个土块,欧洲就少了一点;

如果你朋友或你自己的庄园被冲掉,也是如此。

任何人的死亡使我受到损失,因为我包孕在人类之中。

所以别去打听丧钟为谁而鸣,它为你敲响。

与你共享

阅读经典是对时间的追溯和想象,是对生命的思考和憧憬。阅读经典不是在探询作品完美与否,而是在为经典涂抹色彩——这不是探究的精神,而是忠诚的流露。由此看来,它倒不像一场阅读活动,而更像一种信仰行动。

(王　嘉)

作者简介

卡尔维诺(1923~1985)　出生于古巴,在意大利长大,十几岁开始创作寓言、诗歌和戏剧。主要作品有《蜂巢小径》、《树上的男爵》、《守门人和其他》等。是意大利当代最富特色的作家,其每一部作品都呈现不同面貌,尤其是幻想小说和神话寓言,想象力丰富,令人惊叹。

经典是什么

□ [意]卡尔维诺

1.经典是我们常听人说"我在重读……"而不是"我在阅读……"的那类书。

2.我们将人们读了爱不释手、加以珍藏的书冠之以经典,但并非只是那些有幸初次阅读它们的人,才精心珍藏它们,欣赏它们。

3.经典具有特异的影响力,它们不可能从头脑中清除,它们潜藏在大脑的记忆层中,披上了集体或个体无意识的伪装。

4.每一次重读经典,就像初次阅读一般,是一次发现的航行。

5.每一次阅读经典实际上都是一种重读。

6.经典从来不会说,它该说的已说完了。

7. 经典带着以往的阅读痕迹传承给我们,并且带着它们本身留给文化,或者更明白地说,语言和习俗的痕迹。

8.经典不一定教给我们以前不懂的东西。在经典中,我们有时发现的是某种自己已经知道(或者以为自己知道)的东西,但不知道是该作者率先提出的,或者至少以一种特殊的方式与其联系在一起。这同样是一种带给我们莫大欢愉的惊喜,就像我们总能从对血统、亲属关系和姻亲关系的发现中获益。

9.通过阅读经典,我们感到它们远比传闻中所想象的更新鲜、更出乎预料、更不可思议。

10.我们冠之以经典的书具有一种类似总体的形式,可与古代的法宝相提并论。根据这一界定,我们正在趋近马拉美所构想的"全书"的境界。

11.经典作家是那类你不可能置之不理的作家,他有助于界定你与他的关系,即使你与他有分歧。

12.经典只有与其他经典相权衡才能确定,但任何人都是先读了其他经典,然后才读它的,因而立刻就能在族谱上确认其地位。

13.经典是这样一种东西,它很容易将时下的兴趣所在降格为背景噪音,但同时我们又无法离开这种背景噪音。

14.经典是随背景噪音而存在的,哪怕在截然对立的兴趣控制着局面时,也是如此。

与你共享

判断一部作品是不是经典的根据有很多,其中流传时间和读者范围尤其重要,这恐怕是最公正、最有说服力的衡量标准吧。经典之所以成为经典,是因为它们经历了时间的考验,在流传中得到了人们的认可。　　　　(王　嘉)

作者简介

　　杨绛　1911 年生于北京。中国社会科学院外国文学研究员,作家、评论家、翻译家。钱钟书先生的夫人。创作出版剧本《称心如意》、《弄真成假》、《风絮》,长篇小说《洗澡》,散文集《干校六记》,随笔集《将饮茶》,论集《春泥集》、《关于小说》;译作有《1939 年以来的英国散文选》、《小癞子》、《堂吉诃德》等。2003 年在 90 多岁高龄时出版回忆录《我们仨》。

读书苦乐

□ 杨　绛

　　读书钻研学问,当然得下苦功夫。为应付考试、为写论文、为求学位,大概都得苦读。陶渊明好读书。如果他生于当今之世,要去考大学,或考研究院,或考什么"托福儿",难免会有些困难吧? 我只愁他政治经济学不能及格呢,这还不是因为他"不求甚解"。

　　我曾挨过几下"棍子",说我读书"追求精神享受"。我当时只好低头认罪。我也承认自己确实不是苦读。不过,"乐在其中"并不等于追求享受。这话可为知者言,不足为外人道也。

　　我觉得读书好比串门儿——"隐身"的串门儿。要参见钦佩的老师或拜谒有名的学者,不必事前打招呼求见,也不怕搅扰主人。翻开书面就闯进大门,翻过几页就升堂入室;而且可以经常去,时刻去,如果不得要领,还可以不辞而别,或者另找高明,和他对质。不问我们要拜见的主人住在国内国外,不问他属于现代古代,不问他什么专业,不问他讲正经大道理或聊天说笑,都可以挨近前去听个足够。我们可以恭恭敬敬旁听孔门弟子追述夫子遗言,也不妨淘气地笑问"言必称'亦曰仁义而已矣'的孟夫子",他如果生在我们同一个时代,会不会是一位马列主义老先生呀? 我们可以在苏格拉底临刑前守在他身边,听他和一位朋友谈话;也可以对斯多葛派伊匹克悌忒斯(Epictetus)的《金玉良言》思考怀疑。我们可以倾听前朝列代的遗闻逸事,

　　为善最乐,读书更佳。

　　　　　　　　　　　——(清)阮葵生

也可以领教当代最奥妙的创新理论或有意惊人的故作高论，反正话不投机或言不入耳，不妨抽身退场，甚至"砰"一下推上大门——就是说，"啪"合上书面——谁也不会嗔怪。这是书以外的世界里难得的自由！

壶公悬挂的一把壶里，别有天地日月。每一本书——不论小说、戏剧、传记、游记、日记，以至散文诗词，都别有天地，别有日月星辰，而且还有生存其间的人物。我们很不必千里迢迢地赶赴某地，花钱买门票去看些仿造的赝品或"栩栩如生"的替身，只要翻开一页书，走入真境，遇见真人，就可以亲亲切切地观赏一番。

说什么"欲穷千里目，更上一层楼"！我们连脚底下地球的那一面都看得见，而且顷刻可到。尽管古人把书说成"浩如烟海"，书的世界却真正的"天涯若比邻"，这话绝不是唯心的比拟。世界再大也没有阻隔。佛说"三千大千世界"，可算大极了，书的境地呢，"现在界"还加上"过去界"，也带上"未来界"，实在是包罗万象，贯通三界。而我们却可以足不出户，在这里随意阅历，随时拜师求教。谁说读书人目光短浅，不通人情，不关心世事呢！这里可得到丰富的经历，可认识各时各地、多种多样的人。经常在书里"串门儿"，至少也可以脱去几分愚昧，多长几个心眼儿吧？我们看到道貌岸然、满口豪言壮语的大人先生，不必气馁胆怯，因为他们本人家里尽管没开放门户，没让人闯入，他们的亲友家我们总到过，自会认识他们虚架子后面的真嘴脸。一次我乘汽车驰过巴黎塞纳河上宏伟的大桥，我看到了栖息在大桥底下的那群拣垃圾为生、盖报纸取暖的穷苦人。不是我眼睛能拐弯儿，只因为我曾到那个地带去串过门儿啊。

可惜我们"串门"时"隐"而犹存的"身"，毕竟只是凡胎俗骨。我们没有如来佛的慧眼，把人世间几千年积累的智慧一览无余，只好时刻记住庄子"吾生也有涯，而知也无涯"的名言。我们只是朝生暮死的虫(还不是孙大圣毫毛变成的虫儿)，钻入书中世界，这边爬爬，那边停停，有时遇到心仪的人，听到惬意的话，或者对心上悬挂的问题偶有所得，就好比开了心窍，乐以忘言。这个"乐"和"追求享受"该不是一回事吧？

与你共享

读书既是脑力劳动，又是体力劳动，因此很容易产生疲劳。特别是，我们有时候还必须读一些枯燥的书籍,这就更增添了读书之"苦"。然而,读书又是快乐的。收获知识,得到指点,接受熏陶,读书给我们带来的满足感真可谓无法比拟。

(王　嘉)

作者简介

苏童　生于1963年,江苏苏州人。现为中国作家协会江苏分会驻会专业作家。1987年发表小说《一九三四年的逃亡》,被批评界看成"先锋派"文学的主将。随着中篇小说《妻妾成群》被著名电影导演张艺谋改编成电影《大红灯笼高高挂》,获奥斯卡金像奖提名,苏童的名气蜚声海内外。

读书=幸福

□苏　童

爱上读书是一件幸福的事,它往往决定一个人未来的命运以及生活道路。

每个人都有他的少年时代,或者是快乐的充满朝气的,或者是寂寞的略带苦涩的,少年时代有太多的梦想,也有太多的空白——以读书来填补空白是一个最佳选择。

我小时候体弱多病,在病榻上辗转的日子里随手翻阅姐姐的文学书籍,虽然以当时的年龄未能全部理解书中的世界,但那些也是点点滴滴的积累。现在回忆我走上文学道路的经历,少年读书似乎是个开始。

由于各种条件的限制,我那时候读的书籍良莠不齐、鱼龙混杂,很羡慕现在的文化市场全方位地向人们打开大门,有那么多的好书任你选择、任你阅览,徜徉在好书的海洋中是一件幸福的事。

人心至灵至动,不可过劳,亦不可过逸,唯读书可以养之。

——(清)张　英

对于一个少年来说，学校的功课不可不做，功课外的书籍也不可不看，你需要做的只是合理调配你的时间，不过我想提醒大家注意的是，有一类书只会浪费你的时间，有一类书具备了蛊惑人心的面目，但它对你的成长无所裨益，那就是书摊上封面花哨刀光剑影的通俗武侠小说。

要读书，但一定要读好书。

读书是幸福，读好书是更大的幸福。

与你共享

书是良师，更是益友。徜徉于书海之中，用心灵与往哲先贤对话，与当代才俊交谈，从他们的著作中感受他们人格的魅力，我们可以增长见识，陶冶情操，丰富感情。与书的感情日益增进，我们的幸福指数也随之不断上涨。

（王　嘉）

作者简介　　邓拓（1912~1966）　原名子健，福建闽侯（今福川市）人。现当代史学家，杰出的新闻工作者。著有《中国救荒史》、《论中国历史的几个问题》、《燕山夜话》等，并与吴晗、廖沫沙合写杂文集《三家村札记》。

有书赶快读

□ 邓　拓

我有许多书，没有好好读；有的刚读完还记得清楚，过些日子又忘了；偶然要用，还要临时翻阅，自己常常觉得可笑。

这种情形别人不了解，总以为我有什么读书的秘诀，不肯告人。其实

青少年受益一生的　名人读书经验

我的确什么秘诀也没有。把真相坦白地告诉读者，还有一些人仍然不相信。几个学校的青年同学来信约我去讲读书的经验，我很惭愧不能答应他们的请求。昨天到书店门市部走走，遇见几位同学，不客气地拉住我，说要"聊一聊"。我们终于就目前读书的问题聊了一阵子。

看来他们都在找书读，而以找不到自己需要的书籍为苦。我们的话题就从这里展开了。

有书的人不一定读书，没有书的人却到处找书读，这是多么不合理的现象！然而，这又是很自然的现象。因为没有书的人如果不向别人借书，不到图书馆借书，也不来书店门市部看书，那就简直毫无办法；而有书的人，总觉得书已经属于自己所有，随时都可以读，满不在乎，反倒不急于读书或者不想读书了。这种现象不是人人都能遇见的吗？

大家也许还记得，以前报纸介绍过宋代苏东坡写的《李氏山房藏书记》和清代袁枚写的《黄生借书说》这两篇文章吧。我们要学习古代读书人的勤奋精神，千万不要藏着一大堆书而不加以利用。

我想在这里向大家介绍另一个故事。明代有一部笔记，名为《泽山杂记》，不知作者是谁。这部笔记中叙述了明代洪武年间的一位御史大夫景清的事迹。景清与方孝孺齐名，为反对永乐政变而同时殉难的明代杰出人物。他在青年时代，勤奋读书，过目不忘，为同辈之冠。据载：

> 景清倜傥尚大节，领乡荐，游国学。时同舍生有秘书，清求而不与。固请，约明旦即还书。生旦往索。曰："吾不知何书，亦未假书于汝。"生怂，讼于祭酒。清即持所假书，往见，曰："此清灯窗所业书。"即诵辄卷。祭酒问生，生不能诵一词。祭酒叱生退。清出，即以书还生，曰："吾以子珍秘太甚，特此相戏耳。"

像景清这样勤学强记的人，实在难得。但是正因为他自己没有秘本，而如饥似渴地想读同舍朋友的秘本，所以他特别努力，只用一夜的工夫，就能背诵全书。反之，他的同舍朋友虽然藏有秘本，却没有读它，所以经不起考问。显然，景清的目的是要警告他的朋友，要朋友注意利用书籍，不要死死地藏书不用，而不是想要强占他朋友的秘本。

读书教子，是传家长久之要道。

——（清）王夫之

从这个故事中,我们得到什么体会呢?我以为,最重要的体会是:有书就要赶快读,不论是自己的书,或是借别人的书。即使有些书籍本头太大,内容很多,无法全读,起码也应该扼要地翻阅一遍,知道它的内容,以免将来要用,临时"抓瞎"。

清代的一位著名学者包世臣,留下一些名言,对我们理解这个问题也很有启发。他曾经写过许多对联,一直流传至今。其中有一副对联,我忘了他写的上联,只记得下联是"补读平生未见书"。这一句给我的印象特别深。还有一副对联,我也只记得下联,他写道:"闭户遍读家藏书。"这一句同样使我受到很大的鼓励。后面这一句似乎不是包世臣自己的,而是用宋代陆放翁的诗句。

古人每到书多的时候,往往也有了相当的地位,正如袁枚说的:"通籍后,俸去书来,落落大满,素蟫(yín)灰丝,时蒙卷轴。"这不能不引起认真的读书人的警惕,他们时常写下许多座右铭、对联之类以鞭策自己,生怕一天到晚忙忙碌碌,什么书也没有读。以古逾今,那么,我们现在就更要趁着年轻的时候,抓紧机会,赶快读书。

有的青年同学认为,景清能够读到秘本,真"带劲",我们可惜没有什么秘本可读,这怎么办呢?其实,古人所谓秘本,内容并不稀奇,我们现在的图书馆拥有成千上万的历代秘籍珍本,如果你需要,就可以借来阅读。何况古人所谓秘本,有许多现在都已经大量翻印了,很容易买到手,又有什么稀奇呢?更重要的是,我们这个时代最伟大的革命经典著作,人人都可以读到,这个条件实在太好了,古人又怎么能够比得了我们呢?

最后,我奉劝青年朋友们,你们手上哪怕只有几本政治理论和科学研究的书籍,也要赶快先把它们读得烂熟。因为它们所包括的知识内容,是非常丰富的。这些是最重要的基础知识。只有把自己的基础打好了,将来读其他参考书才能够做到多多益善。如果现在丢开这些基本的书籍不认真苦读,一心想找秘本,只恐望梅止渴,无济于事。一句话,我认为你们现在手上已经有书,希望你们赶快读吧。

与你共享

书籍充实着我们生命中的青春、情感、理想、奋斗……这一切都是我们满手盈握的宝藏。"花开堪折直须折，莫待无花空折枝"，书像花一样也有时令，所以我们趁青春年少要多读书，有好书更是要赶紧读。 （王 嘉）

作者简介

池莉 女，1957年生于湖北。当代作家。主要作品有小说《烦恼人生》、《来来往往》、《水与火的缠绵》、《不谈爱情》、《有了快感你就喊》，散文作品《怎么爱你也不够》、《真实的日子》，以及最新出版的纪实文学《来吧孩子》等，曾获首届鲁迅文学奖等多种奖项，多部小说被改编为影视作品，有多种文字译本。

话 说 书 缘

□ 池 莉

关于读书这事儿，在中国人民中流传最广的总结性的断言有两句话。一句是——人从书里乖。这当然是说读书是件很好的事。另一句则是——百无一用是书生。这便是说读书的不好了。怎么人们会认为读书有截然不同的好与不好呢？那我们是读书还是不读书呢？

实际上这里头包含了一个如何读书的问题。有的人读了书就开了心窍长了知识懂了道理，并且还能够进一步将书本知识运用到实际生活中去，他们知书达理，温良恭俭让；他们发明创造，力求破旧立新。却也有另一些人读了书变迂腐了，一味咬文嚼字，一味酸文假醋，真正的本事一点儿没有，就会对人装腔作势，摇头晃脑。前一种人就是会读书的人，后一种人就是不会读书的人，没有书缘。与书无缘，就像电线没接通，读了白读。

因此，圣人怎样读书，伟人怎么读书，名人怎么读书，我们是不能一一照学的。他们读过的书，即便给我们列个详细的书单，我们读了也成不了

不会读书，书面是平的；会读书，字句都浮起来了。

——（清）梁启超

与他们一模一样的人物。

缘分这个东西太要紧了！我的读书就是依缘而行，不管别人把某书说得多么好，我是不会强求自己也说个"好"的。我喜欢读什么书就读什么书，不喜欢读什么书就不读什么书。只要喜欢，也不像中国历代文人墨客那样挑剔环境，什么"红袖添香夜读书"，什么"啜香茗而读"，等等。任何地方都是读书的环境，哪怕田头地角，哪怕车上船上，只要喜欢，就会读得十分投入十分深入，就可以达到与书的心领神会，就可能触类旁通，生发出自己独特的思想来。

喜欢上某种书或者某类书就像喜欢某些人一样，有的一见就喜欢，有的则有个过程，如果今天喜欢上了则今天就读，如果今天对它没兴趣，明天却发生了兴趣，那么就从明天开始读。一般读书人大多有种要命的虚荣心：唯恐自己不知道某本名著，唯恐自己不会引用一两句名著名言。否则，就怕人认为自己没学问，若是怀揣这种虚荣心去读书，最多读成个"金玉其外，败絮其中"的货色，仍是百无一用。所以，我读我爱的书，管它东南西北风，这种读书态度是必须要具备的。具备了坦率朴实的读书态度，一本接一本读自己喜爱的书，坚持下去，必然受用无穷。

当然，一个人若是愚鲁蒙昧又懒惰散漫，什么书都不爱读，在现代社会里，这种人生不如死，因为他像低级动物一样只有躯壳而没有灵魂，就不必谈他了。

与你共享

读书与人际交往一样，无需怀揣虚荣之心、惺惺作态地去读书，只有敞开胸怀，以坦率朴实的态度去与它交谈，我们才能与书结缘，达到可以和书心领神会的境界。这样，书会成为我们的知己好友，我们也会成为有书缘的人。

（王　嘉）

作者简介

胡经之 1933年生于江苏无锡,祖籍苏州。深圳大学文学院教授,文艺美学博士生导师。曾师从杨晦学文艺学,又随朱光潜、宗白华习美学,有志于融文艺学、美学于一炉,著有《文艺美学》、《文艺美学论》、《胡经之文丛》等。

开卷有益乐无穷

□胡经之

以教书、写书为生的人,要靠自己"行万里路",恐非易事;但若想"读万卷书",大概不算太难。

为了要教书、写书,就必须读书;由读书进而又发展到买书、藏书。50年代初,我先在江南教过书,再到北京读了十年书,然后三十多年一直在教书、写书,这辈子就是同书打交道了。

能多读书,自然是好事。开卷有益,读书能增长知识,开阔视野。有了知识,学以致用,用来研究学问,发展学科,那就更好了。再说,读书本身就是一种精神享受,一卷在手,入乎其内,其乐融融,烦恼尽消。

大学四年,只是多读中外古今文学名著,向图书馆去借就是了。待到跟随杨晦、朱光潜、宗白华攻读博士研究生课程,顿感书籍不够,于是登堂入室,去向老师们借书读,出入于一些学者教授的书斋,深为他们的丰富藏书所吸引。杨晦的藏书,以文艺学为主,为了买书,他借了冯至一大笔款。朱光潜、宗白华则多美学著作。何其芳、王瑶收有丰富的现当代文学史料。游国恩收藏的文学古籍最多。我曾拜访过南京大学罗根泽,他搜集的古典文论极为丰富,印象很深。我研究《红楼梦》曾出入于吴世昌、周汝昌、吴恩裕的书斋。吴世昌特地邀我去他的家庭书库一看,使我大为惊讶,怎么会有这么多书!

渐渐地,我也自己买起书来。读书多了,为便于记忆,喜欢在书上圈点勾画。这,必须有自己的书才行。偏偏,我研究的专业是美学、文艺学,涉及面极广,人生哲学,艺术文学,古今中外都要涉猎,需买的书越来越多。这

读书使人心明眼亮。

——[法]伏尔泰

样一来,无异自找苦吃,我的研究生助学金是 52 元,除了必要生活费用花去一半,剩下的就全都丢到书海里了。幸而,不时有点稿费补偿。上海文艺出版社出了我一本文学评论小书,一下子给了近千元,相当于一年多的津贴。我喜出望外,去王府井挑了一小车书,由书店送到燕园,慢慢享用,倒也自得其乐。

于是,买书也成了一种嗜好。日积月累 30 年,到 80 年代搬进畅春园新居而有了间书房时,把书一摆开,书橱竟把三面墙都占满了。正在发愁,书再多下去怎么办,我却来到了深圳,有了另一间书房,可以再在这里买书。一晃八年,不知不觉,书又堆了一屋。伤脑筋的是要把两处书合拢恐摆不下,看来,有些只能留在母校了。

书要读才能尽其用。买来的书,我当即坐下浏览,快速翻阅一遍,了解总体轮廓,有个初步印象。等到教书、编书、写书,就把有关课题的书再找来集中细读。因为对自己的藏书胸有全局,心中有数,所以用起来得心应手,颇有成效。我撰写专著《文艺美学》,广泛利用了我的藏书。以我读书所得,我为国家教育委员会主编了两套教科书 100 万字,相应的教学参考书 7 卷 400 万字,分别获得了国家新闻出版署颁发的"全国优秀外国文学图书奖"和国家教委颁发的"全国高等学校优秀教材奖"。为培养硕士研究生,我编选出版了 40 万字的《中国现代美学丛编》和 80 万字的《中国古典美学丛编》(获"特区十年社会科学优秀成果奖"),都充分利用了我自己的藏书。物尽其用,出了书,亦是一乐。

我爱在优美的音乐声中读书。优美的乐曲使我更易入读,而且创造出和谐气氛,其乐无穷,真是高雅的审美享受。现在,我最爱读的书,除艺术、哲学以外,就数描写作家、艺术家创作过程的书了,也爱读社会活动家、政治家的传记,了解这些人的人生历程,也领略了人生乐趣。

与你共享

书不是万能的,但没有书万万不能。书可以医治愚昧,可以使人变得聪明,可以使人不断进步,可以使人感受幸福。只要你用心去读,用心去领会,就会有收获。只有懂得利用它、珍惜它,才会得到知识、得到快乐,在人生的道路上受益无穷。

(王 嘉)

汪曾祺(1920~1997)　江苏高邮人。现当代小说家、散文家、戏剧家。在小说、散文、戏剧文学与艺术研究上颇有建树,现已出版《汪曾祺短篇小说选》、《晚饭花集》、《汪曾祺自选集》,以及多卷本《汪曾祺文集》等。

读 杂 书

□ 汪曾祺

　　我读书很杂,毫无系统,也没有明确目的。随手抓起一本书来就看,觉得没意思, 就丢开。我看杂书所用的时间比看文学作品和评论的要多得多。常看的是有关节令风物民俗的,如《荆楚岁时记》、《东京梦华录》。其次是方志、游记,如《岭表录异》、《岭外代答》;讲草木虫鱼的书我也爱看,如法布尔的《昆虫记》,吴其浚的《植物名实图考》、《花镜》;讲正经学问的书,只要写得通达而不迂腐的也很好看,如《癸巳类稿》。《十驾斋养新录》差一点,其中一部分也挺好玩。我也爱读书论、画论。有些书无法归类,如《宋提刑洗冤录》,这是讲验尸的。有些书本身内容就很庞杂,如《梦溪笔谈》、《容斋随笔》之类的书,只好笼统地称之为笔记了。

　　读杂书至少有以下几种好处:第一,这是很好的休息。懒懒地靠在沙发里,看杂书一册,这比打扑克要舒服得多。第二,可以增长知识,认识世界。我从法布尔的书里知道知了原来是个聋子,从吴其浚的书里知道古诗里的葵就是湖南、四川人现在还吃的冬苋(xiàn)菜,实在非常高兴。第三,可以学习语言。杂书的文字都写得比较随便,比较自然,不是正襟危坐,刻意为文,但自有情致,而且接近口语。一个现代作家从古人学语言,与其苦读《昭明文选》、“唐宋八家”,不如多看杂书。这样的文辞较易融入自己的笔下。这是我的一点经验之谈。青年作家,不妨试试。第四,从杂书里可悟出一些写小说、写散文的道理,尤其是书论和画论。包世臣《艺舟双辑》云:“吴兴书笔,专用平顺,一点一画,一字一行,排次顶接而成。古帖字体,大小颇有相径庭者,如老翁携幼孙行,长短参差,而情意真挚,痛痒相关。吴兴书如士人入隘巷,鱼贯徐行,而争先恐后之色,人人见面,安能使上下左右空白有字哉!"他讲的是写字,写小说、散文不也正当如此吗?小说、散文的各部分,应该"情意真挚、痛痒相关",这样才能做到"形散而神不散"。

与你共享

"杂书"可能难登大雅之堂,但它们往往能如实地反映社会生活,表现人性最真实、最生动的一面。利用琐碎的空闲时间,随手翻阅一本自己喜爱的杂书,可以增长见识、认识世界、感受人生,正如作者所言,"这比打扑克要舒服得多"。

(王　嘉)

作者简介

丰子恺(1898~1975)　原名丰润、丰仁,浙江桐乡人。现当代著名画家、美术和音乐教育家、散文家。曾师从弘一法师(李叔同)、夏丏(miǎn)尊学习绘画、音乐和文学等。1924年首次发表画作《人散后,一钩新月天如水》。著有散文集《缘缘堂随笔》、《缘缘堂再笔》等。曾任中国美术家协会主席、上海中国画院院长等职。

读　　书

□丰子恺

中学生杂志社出了一个关于"书"的题目来,命我写一篇随笔。倘要随我的笔写出,我新近到杭州去医眼疾,独游西湖,看了西湖上的字略有所感,让我先写些关于字的话吧。

以前到杭州，必伴着一群人，跟着众人的趋向而游西湖。走马观花地巡行，于各处皆不曾久留。这回独自来游，毫无牵累。又是为求医而来，闲玩似属天经地义，不妨于各处从容淹留。我每在一个寻常惯到的地方泡一碗茶，闲坐，闲行，闲看，闲想，便可勾留半日之久。

听了医生的话，身边不带一册书。但不幸而识字，望见眼前有文字的地方，会不期地睁着病眼去辨识，甚至于苦苦地寻认字迹，探索意味。我这回才注意到：西湖上发表着的文字非常之多，皇帝的御笔，名人士大夫的联额，或勒石，或刻木冠，冠冕堂皇地、金碧辉煌地，装点在到处的寺院台榭中。这些都是所谓名笔，将与湖山同朽，千古留名的。但寺院台榭内的墙壁上，栋柱上，甚至门窗上，还拥挤着无数游客的题字，也是想留名于湖山的。其文字大意不过是"某年某月某日某人到此"而已，但表现之法各人不同：有的用炭条写，有的用铅笔写，有的带了（或许是借了）毛笔去写，又有的深恐风雨侵蚀她的芳名，特用油漆涂写。或者不是油漆，是画家的油画颜料。画家随身带着永不褪色的法国罗佛郎制的油画颜料，要在这里留名千古，是很容易的。写的形式，又各人不同：有的字特别大，有的笔画特别粗，皆足以牵惹人目。有的在别人直书的上面故用横行、斜行的文字，更为显著而立异。又有的引用英文、世界语，使在满壁的汉字中别开生面。我每到一处地方，不论碑上的、额上的、壁上的、柱上的，凡是文字，都喜观玩。但有的地方实在是汗牛充栋，尽半日淹留之长，到底不能一一读遍所有各家的大作。我想，倘要尽读全西湖上发表着的所有的文字，恐非有积年累月的闲工夫不可。

我这回仅在惯到的几处闲玩二三日，但所看到的文字已经不少。推想别处，也不过是同样性质的东西增加分量罢了。每当目暝意倦的时候，便回想关于所见的所感。勒石的御笔和金碧的名人手迹中，佳作固然有，但劣品亦处处皆是。它们全靠占着优胜的地位，施着华美的装潢，故能掩丑于无知者之前。若赤裸裸地品起美术的价值来，不及格的恐怕很多。壁上的炭条文字中，涂鸦固然多，但真率自然之笔亦复不少。有的似出于天真烂漫的儿童之手，有的似出于略识之无的工人之手。然而一种真率简劲的美，为金碧辉煌的作品中所不能见。可惜埋没在到处的暗壁角里，不易受世人的赏识，长使笔者为西湖上无名的作家耳。假如湖山的管领者肯选拔

读书勿怠，凡一义一字不知者，问人检籍，不可一"且"字放在胸中。
——（清）傅　山

085

这些文字来,勒在石上,刻在木上,其美术的价值当比御笔的石碑高贵得多呢。

我的感想已经写完,但终于没有写到本题。倘读书与看字有共通的情形,就让读者"闻一以知二"吧。不然,我这篇随笔文不对题,让编辑先生丢在字纸篓里吧。

与你共享

世上的书如西湖上"发表"的文字一样多,但其中的劣品亦比比皆是,它们全靠占着优胜的地位,施着华美的装潢,故能掩丑于无知者眼前。因此,我们读书也需要从书的真正价值去辨别哪些是好书、哪些是坏书,而不应只看书华丽的装裱。　　　　　　　　　　　　　　　　　　　　　(王　嘉)

作者简介

端木蕻(hóng)良(1912~1996)　原名曹汉文,曾用笔名黄叶、罗旋、叶之林等,辽宁昌图人。20世纪30年代,为避免敌人迫害,改名端木蕻良。现当代著名作家。主要从事历史题材的戏曲和小说创作,著有《科尔沁旗草原》、《大地的海》、《鹭湖的忧郁》等。

读书闻篇

□端木蕻良

现代人想用光和影来取代文字,又有人企图用音响来取代它,但都没有成功。也有人想直接用电影编制小说,像日本拍的《泥河之流》,就是一种尝试,但并未能形成气候。《哈姆雷特》改编成电影是比较多的,《安娜·

卡列尼娜》也不算少,但人们还是要找莎士比亚和托尔斯泰的原著来读。只是另外开辟一个新的艺术路途,并不能取代原作。

文字这种符号,在有限的同时就体现出无限来,数的限量是最严格的,但它在变换过程中,会产生出无限来。

人看完一部书,就像种完一亩田一般。书被合上了,心田却打开了。田被土壤盖上了,种子却在抽芽了,最后长成庄稼,对人作了出色的回报。人的心田滋润着书本,书也把精神果实作为回报。这种果实和庄稼的不同之处,就是它有时像魔术般立刻结果,有时,却像《山海经》上记的那样,直到千年才结出硕大无比的桃子来。

高尔基鼓励人多读书。他甚至说读了不好的书,也不算白搭,因为可以知晓它怎么了的。

我最早读到歌颂读书的话,有两句是:"读书之乐乐何如?绿满窗前草不除!"当时,对"绿满窗前",给人从视觉到心灵的乐趣,很能领会。但对"草不除"的乐趣就不能领会了。后来谈到描写江南的名赋里面"杂花生树,群莺乱飞"的句子,觉得这个"杂"字,这个"乱"字,真是用得神了。但也不能拿来作"草不除"注解。直到当年竺可桢先生对我国水土流失提出警告,要重视草被的覆盖面,我对草才有了新的认识。我也常常想我国从来都是以"水草"、"花草"、"草木"、"美人香草"连称,可见草在人心目中的地位并不低。由于我们受到大自然的报复,如今,生态平衡的论点,已为大多数人所重视。但对读书当然不能搞书态平衡。但是,读书面太窄了,就是一种自我封闭,也会受到报复。多读书,不要只看自己专业以内的书。多读书,不妨读专业以外的书,读杂一点儿,才能避免心田中的水土流失!

让人类的心田避免水土流失,让心灵的窗口展现一片葱绿!在绿色的窗口,读书的乐趣正像无边的青芜一样向你扑来!

与你共享

书籍是外部世界的窗口,通过书,我们可以看到广阔的世界,可以听到悠远的声音。文字让我们的心灵不受现实所缚,它纵容我们冥思,邀请我们飞翔。在心田里撒下读书的种子,它们将会长成茂密的森林,我们也会由此变得开阔、通达、智慧、平和……

(王 嘉)

读书如吃饭,善吃者长精神,不善吃者生疾瘤。

——(清)袁 枚

作者简介

廖沫沙(1907~1991)　原名廖家权,湖南长沙人。著名作家。《人民日报》曾为他和夏衍等人开设《长短录》杂文专栏。著作有《鹿马传》、《分阴集》、《廖沫沙杂文集》、《纸上谈兵录》及《三家村札记》(与邓拓、吴晗合著)等。

为有源头活水来

□廖沫沙

我已年过八十,可说读了一辈子书。我的一生,除开读书以外别无其他嗜好和乐趣。通常在工作和睡眠之外,只要有一点儿空闲,我就不自觉地找来书、报,读之不已。这个习惯养成得很早,在我八、九岁时就开始找课外书来读,读的是《三国演义》、《东周列国志》、《水浒传》,等等,都是所谓历史小说。由此也养成了我读小说、读历史书的爱好。"五四"以后,新文学的书出来了,小学老师常把他们自己读过的新书和刊物、杂志借给我们学生阅读,例如《新青年》、《新潮》、《新的小说》、《少年中国》,等等,就是我那时常常读到的杂志。

就这样,我养成了读书、读报、读杂志的习惯。读的书,可以说无所不读,新书、旧书、古籍,只要能找到手,我没有不读的;而且十几岁就开始自己买书,有钱不多,我从不买其他吃的或玩的东西,都用来买书。

成年以后,我当了报社的新闻编辑。在全国解放以前(第二次国共合作时期),我们共产党在国民党统治区办报纸,工作异常艰苦,我所在的一份四开版报纸,编辑最少时仅有两人,我不但要做夜班,分编一版新闻稿,而且白天还要编两版副刊,兼写社论、时评。有时副刊缺稿,我还得自己写稿来补空白。

但是,即使是这样忙碌,我还是挤时间读书读报。为什么?因为我编稿、写文章,不能不读书求知识;没有知识,不但编不了,更写不了。这里我倒要把我读书求知和我的写作经验,举点例来做说明。

20世纪30年代和40年代,我一直在报社编稿、写稿。那是战争的年代,先有抗日战争,后有解放战争,同时国际上还有第二次世界大战,军事问题占一切问题的首位。我不论编稿或写稿,都需要军事知识。因此我细读了毛泽东同志当时在报纸上先后发表的《抗日游击战争的战略问题》《论持久战》《论新阶段》,又找来我国古代军事名著《孙子兵法》和《吴子》,外国军事著作的译本德国克劳塞维茨的《战争论》、鲁登道夫的《全民战争论》(现译《总体战》),等等。读了这些书以后,我不但能写谈战局的社论,而且能写军事述评的专栏文章。

我本来是学文学的,由于工作的需要,不能不扩大读书面;我的写作范围不但涉及上述的军事评论,而且包括政治、经济、历史、哲学等方面的文章。40年代我写过二三十篇历史小说,就是我那时读史书的结果;1961年我在《人民日报》发表过一篇哲学散文——《孔子和〈周易〉作者是怎样观察"变革"的》,就是我过去读《周易》和《论语》,50年代读了马列主义的哲学以后的产物。我所写的杂文也有很多是我读书的产物,或者就是我的读书笔记。

总而言之,我这一辈子不是读便是写,读了写,写了再读。读书不但是我的乐趣,也是我求知、致用的不尽源泉。

与你共享

如果说深刻而生动、真挚而感人的文章是一口有着生命活力的池塘,那么阅读就是一股活水,正因为活水源源不断地注入,池塘才会如此生机盎然。廖沫沙用他的写作经验告诉我们,写作是阅读的结果,要想写好文章,必先进行大量的阅读。

(王　磊)

人之气质,由于天气,本难改变,唯读书则可变化气质。

——(清)曾国藩

让人类的心田避免水土流失，让心灵的窗口展现一片葱绿！在绿色的窗口，读书的乐趣正像无边的青芜一样向你扑来！

读书意在修养

　　读书能改变我们生活的态度，让我们心态平和，摆脱急功近利的情绪；读书能丰富我们知识的储备，在不断地阅读中潜移默化地养就我们独特的气质，充盈我们生命的厚度；让我们明白，读书与一个人的理想，以及获得幸福的能力息息相关。

　　让我们在生命从容的时候带有欢欣，在生命困顿的时候面无惧色，这就是读书的最大用途。

青少年受益一生的 名人读书经验

作者简介

毕淑敏 女,1952 年生于新疆。当代作家、心理咨询师。曾在西藏当兵 11 年。从事医学工作 20 年后,开始文学创作。主要作品有长篇小说《红处方》、《血玲珑》、《拯救乳房》、《女心理师》,以及最新出版的《鲜花手术》、《心灵眼睛》、《女儿拳》等。曾获《小说月报》第四、五、六届百花奖,当代文学奖,昆仑文学奖等各种文学奖项 30 余次。王蒙称其为"文学的白衣天使"。

读书使人优美

□ 毕淑敏

"优美"在字典上的意思是:美好。

做一个美好的人,我相信是绝大多数人的心愿。除了心灵的美好,外表也需美好。为了这份美好,人们使出了万千手段。比如刀兵相见的整容,比如涂脂抹粉的化妆。为了抚平脸上的皱纹,竟然发明了用肉毒杆菌的毒素在眉眼间注射……让我这个曾经当过医生的人,胆战心惊。

其实,有一个最简单的美容方法,却被人们忽视,那就是读书啊!

读书的时候,人是专注的。因为你在聆听一些高贵的灵魂自言自语,不由自主地谦逊和聚精会神。即使是读闲书,看到妙处,也会忍不住拍案叫绝……长久的读书可以使人养成恭敬的习惯,知道这个世界上可以为师的人太多了,在生活中也会沿袭洗耳倾听的姿态。而倾听,是让人神采备添的绝好方式。所有的人都渴望被重视,而每一个生命也都不应被忽视。你重视了他人,魅力就降临在你的双眸。

读书的时候,常常会会心一笑。那些智慧和精彩,那些英明与穿透,让我们在惊叹的同时拈页展颜。微笑是最好的敷粉和装点,微笑可以传达比所有语言更丰富的善意与温暖。有人觉得微笑很困难,以为是一个如何掌控面容的技术性问题,其实不然。不会笑的人,我总疑心是因为书读得不够广博和投入。书是一座快乐的富矿,储存了大量浓缩的欢愉因子,当你静夜抚卷的时候(当然也包括网上阅读),那些因子如同香氛蒸腾,迷住了你的双眼,你眉飞色舞,中了蛊似的笑起来,独享其乐。也许有人说,我读书的时候,时有哭泣呢!哭,其实也是一种广义的微笑,因为灵魂在这一个瞬间舒展,尽情宣泄。告诉你一个小秘密:我大半生所有的快乐累加一处,都抵不过我在书中得到的欢愉多。而这种欣悦,是多么简便和利于储存啊,物美价廉重复使用,且永不磨损。

读书让我们知道了天地间很多奥秘,而且知道还有更多的奥秘,不曾被人揭露,我们就不敢用目空一切的眼神睥睨(pì nì)天下。读书其实很多时候是和死人打交道,图书馆堆积的基本上都是思索者的木乃伊,新华书店里出售的大部分也是亡灵的墓志铭。你在书籍里看到了无休无止的时间流淌,你就不敢奢侈,不敢口出狂言。自知是一切美好的基石。当你把他人的聪慧加上你自己的理解,恰如其分地轻轻说出的时候,你的红唇就比任何美丽色彩的涂抹,都更加光艳夺目。

你想美好吗?你就读书吧。不需要花费很多的金钱,但要花费很多的时间。坚持下去,持之以恒,优美就像五月的花环,某一天飘然而至,簇拥你颈间。

✿ 与你共享

读地理名胜,可以遨游天下;读历史典故,可以和古人神交。俗话说:"腹有诗书气自华。"读书是心灵的美容师,可以让人变得睿(ruì)智而通达。有人爱好文学,里边春花秋月,情境义理,妙味无穷;有人喜欢自然科学,他能从一个细胞、一粒分子找出另外一番天地。 (刘英俊)

不去读书就没有真正的教养,同时也不可能有什么鉴别力。
——[俄]赫尔岑

青少年受益一生的 名人读书经验

作者简介　于丹　女,1965年生。北京师范大学教授,中国古代文学硕士、影视学博士。出版《形象 品牌 竞争力》等专著多部,在重要学术刊物发表专业论文10余万字。2006年在中央电视台《百家讲坛》解读《论语》、《庄子》,受到观众欢迎。著有《于丹〈论语〉心得》、《于丹〈庄子〉心得》、《于丹〈论语〉感悟》等。

读书意在修养

□于　丹

　　我在讲了《庄子》心得之后,有人问我,"我离婚了,日子困难,该读什么书","我要高考了,我应该看哪段话"。这个问题孔子和庄子都回答不了,他们那个时代不知道现在的生活。读书并不是像有一本《百科全书》放在那里,我们一查就豁然开朗了。

　　但读书可以使安定的生活锦上添花,可以是惶惑时候的雪中送炭,可以在遭遇困顿的时候,让我们的内心镇定而勇敢。当一个死刑犯人还在读书,那么他读书的用处肯定不是求职,可能就是为了带一份安定告别生命。

　　读书给了我们精神生活上的储备。我把自己读书的过程,称为老牛吃草。年轻或有空的时候,我把自己懂的、不懂的书全部吞进去。当自己在成长过程中遇到坎坷,真正想到用的时候,就调出来,这就像反刍。说起来,我读书,读的数量不是最多,读的质量也不是最精。我读书只有一个秘密,就是我有反刍的工夫,到用的时候可以调出来。通过这样的方式咀嚼之后,这一部分营养可以融入我的生命。

　　一个人的阅读要达到什么样的境界?中国古人说起读书,按照孔子的说法,就是"汝为君子学,不要为小人学"。何谓君子学,就是让我们更超乎功利一点,让我们所学的一切,更多的不要想着实用,而要想着修养。因为一个人,只有内心修养真正有了一种从容淡定,了解自己在这个坐标系上的位置以后,你才不会有起起伏伏的欢喜或者沮丧。我觉得这句话今天仍然适用。今天的人们读书通常走向两个极端:一个认为读书太有用了,一个认为读书太没有用了。认为太有用就是读书能装饰、提升自己;读书无用论则认为读书无法解决一日三餐的生计,读之何用?其实这两种论调,都会让我们陷入一种功利。这种功利的心情,严重剥夺了读书之乐。

读书人里面我比较喜欢陶渊明。我大概从四五岁开始读书,家长通常说陶渊明是读书的反面教材,大意是陶渊明"好读书,不求甚解",小孩子读书万不能像他那样马马虎虎。可我从小学开始就是马虎,至今也没有改变过马虎的毛病。只是随着年龄的增长,我愈发懂得了陶渊明的境界。其实这是大人们的断章取义,他们只理解了陶渊明读书观"好读书,不求甚解"前半部分的意思,却忽略了"每有会意,便欣然忘食"的妙处。读书的境界是什么,是读到两个字叫"会意",就是先有所会,懂的不是字面的意思。不是考据一个典故,而是一种悠然心会,就是那种无言之妙,可以读到忘了吃饭的那种欢心。他还说读书之后常自娱自乐写文章,读到最后是为了让自己快乐。所以什么叫君子学,什么叫小人学?其实,这也应和了古人的另外一句话,叫做"古之学者为己,今之学者为人"。为己之学,就是说学了是自己的安身之本;为人之学,则是说学问这个东西是拿来送礼的。

读书前,如果我们换一个思路,先了解自己的迷惑,知道我们的生命需要什么,然后读书读到豁然开朗。这种阅读的境界,就太快乐了。最后可以带来一种状态,让我们在充满各种选择的时代,自己的心有一点定力。有定力之后,我们的选择就多一些依据。

在我看来,惑与不惑是外在与心理的制衡。阅读不仅是一种生活的元素,也会改变我们生活的态度,让我们从急功近利中摆脱出来。让孩子明白,读书不仅仅是为升学,还与一个人的理想、人格,以及获得幸福的能力和开朗的生命智力相关。

让我们在生命困顿的时候面无惧色,在生命从容的时候带有欢欣,一辈子能有更大的快乐,我觉得这就是读书的最大用途。

与你共享

从书海中回过神来,突然听到远处飘来悠扬的音乐,让人置身于绝美

无论掌握哪一种知识,对智力都是有用的,它会把无用的东西抛开而把好的东西保留住。
——[意]达·芬奇

的境界,真是"此曲只应天上有"!等到对书的精神和灵魂了然于心,会产生"心旷神怡,把酒临风"的翩翩风度。只有多读书,我们才能沉静下来,人也会多一些内涵,多一份修养。

(刘英俊)

闲话读书 (节选)

□曹文轩

　　古人对读书很在意,尽管读书人在社会上位置不高。但读书与读书人是两回事。看不起读书人,但看得起读书。于是留下了许多发奋读书的故事。如"萤入疏囊"(《晋书·车胤传》:"博学多通,家贫不常得油,夏月则练囊盛数十萤火以照书,以夜继日焉。");如"雪映窗纱"(《尚友录》卷四:"孙康,晋京兆人,性敏好学,家贫无油,于冬月尝映雪读书。");如"凿壁偷光"(《西京杂记》卷二:"匡衡勤学而无烛,邻居有烛而不逮,衡乃穿壁引其光,以书映光而读之。");还有"头悬梁,锥刺骨"之类,不胜枚举。

　　但是古人对读书的益处,认识似乎并不深刻。在某些高雅之士那里,也有"读书可以修身养性"的认识,但在一般人眼里,读书的目的也就只剩下一个功利:"书中自有黄金屋。"因此,中国的一般读书人,总不在一个较高的境界。虽也孜孜不倦,但读来读去,还是脱不去一番俗气。他们没有看见一个精神的殿堂,没有看出那书原是一级一级的台阶,读书则是拾级而上,往那上方的殿堂里去的。因为如此,古人读书常常就只有一个"苦"的记忆,而很少有阅读的快意,更少有抵达人生审美境界的陶醉。

读书是对人经验的壮大。天下事多不计其数,人不可件件躬身力行。人这一辈子,实际上只能在很小的范围内经验生活,经验人生,个人的经验实在是九牛一毛、沧海一粟。由于如此,人认知世界,十有八九是盲人摸象,永无全象,因而实际上也就无象。由于如此,人匆匆一生,对生活、对人生的理解也就一片苍白,乃至空洞。由于如此,人对活着的享受,也就微乎其微,生命实际上是虚晃一世。因而,人发明了文字,进而用文字写书。书呈现了不同时空里的不同经验。你只需坐在家中,或案前,或榻上,或瓜棚豆架之下,便可走出你可怜的生活圈域,而走入一个无边的世界。你从别人的文字里知道了沙漠驼影、雪山马鸣、深宫秘事、上流情趣……读书渐久,经验渐丰,你会一日一日地发现,读书使你变得心灵充实。其情形犹如你从前只有几文小钱,而随着对书的阅读,你的仓库一日一日丰厚起来,到临终时,你居然觉得自己已有金银一库,而你曾因拥有它而着实豪华地享受了一生。此时,你会觉得死而无憾,满足地最后一笑,撒手人寰。

更有一点,未被多少人揭示:读书还会有助于你创造经验。这世界上的许多写书人,不仅仅是将自己所有的特别经验复述于人,还在于他们常仰望星空,利用自己的幻造能力,在企图创造知识,以引发新的经验。这些知识引导你进行新的实践。这些知识预设于脑,使你在面对从前司空见惯的事情时忽然发现了新意,甚至干脆让你发现许多事情——这些事情在未得这些预设之前,它们虽与你朝夕相处,你却并未将其发现。一头水牛从梨树下经过,碰落了一些梨花。一个农人,也许对此事浑然不觉,空空走过,但废名先生却觉得"落花水牛"的图景很美,于是有了一番享受。废名是个读书人,你也是个读书人。你读了海明威的《老人与海》,倘若日后你做事不顺,但终究还是将事做成了——虽然此事从表面上看犹如"一袭马林鱼的骨架",但你记得《老人与海》,于是你在失败中忽然有了一种优雅的感觉。知识使你的经验屡屡增加,并使你的经验获得了深度。你也活一辈子,但你这一辈子密度甚大,倘若浮到形而上的层面来论时间长短,你这样高密度的一生与一个低密度或者没有密度的一生相比,你扯下来就

倘能生存,我当然仍要学习。
——鲁 迅

不是活了一生。寿有限而知无涯，而知却可以使寿获得形而上的延长，甚至是大大地延长。读书人有这点好处。

读书养性。人之初，性本就浮躁。落草而长，渐入世俗，于滚滚不息、尘土飞扬的人流中，人几乎很难驻足稍作休息，更难脱洪流而出，静处一隅，凝思独想。只有书可助你一臂之力，挽你出狂浪浊流。且不说书的内容会教你如何静心，就读书这一形式本身，就能使你在喧哗与骚动之中步入静态。在这里，读书具有仪式的作用。仪式的力量有时甚至超过仪式的内容。时至今日，大工业轰轰隆隆，商业化铺天盖地，自由主义无节制张扬，现代情绪漫延滋长，人虽日益感到孤独，却又在众人吵嚷中心神不定，陷入了更大的浮躁。如此情状，人深感不安，从心底深处渴求宁静的绿荫。此时，人的出路也大概只在读书了。我在东京时，我的研究生秦立德、戴清都来信，说了他们工作之后的心态，觉得自己现在变得难以沉静下来，对未来颇感惶恐。我写信给他们说，任何时候，任何地方，只要不要将书丢掉，就一切都不会丢掉。

读书人与不读书人就是不一样，这从气质上便可看出。读书人的气质是读书人的气质，这气质是由连绵不断地阅读潜移默化养就的。有些人，就造物主创造了他们这些毛坯而言，是毫无魅力的，甚至是丑的。然而，读书生涯居然使他们获得了新生。依然还是从前的身材与面孔，却有了一种比身材、面孔贵重得多的叫"气质"的东西。我认识的一些先生，当他们坐在藤椅里向你平易近人地叙事或论理，当他们站在讲台上不卑不亢不骄不躁地讲述他们的发现，当他们在餐桌上很随意地诙谐了一下，你就会觉得这些先生真是很有神采，使你对你眼前的形象过目不忘，永耸心中。有时我会恶想：如果这些先生不是读书人又将如何？我且不说他们的内心因精神缺失会现平庸与俗气，就说其表，大概也是很难让人恭维的。此时，我就会惊叹读书的后天大力，它居然能将一个外表平平甚至偏下的人变得如此富有魅力，使你觉得他们的奕奕风范，好不让人仰慕。此时，你就会真正领略"书卷气"的迷人之处。

我们还可以将读书当宗教来看待——读书也是一种宗教。尼采言：上帝已经死亡。于是，世界觉得此事十分严重。其实，也就是那么回事。这个虚设的上帝去了就去了吧，也没有什么大不了的，我们不是还有书在吗？

书也可以成为我们的依托。我们何不将书也看成是上帝,而且这是可以与我们平等对话的可亲可爱的上帝。寂寥无依的夜晚,我们可以敞开心扉,将心中的委屈、怨恨,以及无法言表的一切向它毫无保留地倾诉,并可得到它的指引。每一本好书,都是黑暗中的一道亮光。这一道道亮光,将给我们这一叶一叶暗空下的扁舟引航,直至寻找到风平浪静且又万家灯火的港湾。我们应有这样的古风:沐浴双手,然后捧卷。在一番宗教感觉之中,你必将会得到书的神谕。

我们对读书作了如此一番几近诗化的赞美,却并不含这样的意思:读书便是一切,读就是一切。

从长知识、增智慧、养精神诸方面讲,不是单纯的读书就能达到完满境界的。还得有人生的经验垫底,才能将书读好。人生的经验越厚实,书就读得越好。世界上凡读书读得好的人,在人生的经验方面都不是很简单的人。经验决定着读书的成效。而读书的成效又转而影响人生经验的深度与广度。如此这般,那书读得如何,也就可想而知了。

与你共享

在书中探询时空的神秘,当我们神游其中时,刀光剑影与风雪飘飞,艺术的美妙与人生的感叹,一齐涌现在眼前。浮躁在读书中消融,淡然在读书中练就。如果捧书临窗而立,看星月移动,听树影婆娑之声,更是其乐无穷。

(刘英俊)

书犹药也,善读可以医愚。

——(西汉)刘 向

作者简介　林语堂(1895~1976)　原名和乐,后改名玉堂,又改语堂,福建龙溪人。现代著名作家。1912年入上海圣约翰大学,后赴美国、德国留学,获哲学博士学位。回国后在北京大学任教。1935年创办《宇宙风》,提倡"以自我为中心,以闲适为格调"的小品文。主要作品有《吾国与吾民》、《京华烟云》、《风声鹤唳》等。

读书的艺术

□林语堂

　　读书或书籍的享受素来被视为有修养的生活上的一种雅事,而在一些不大有机会享受这种权利的人们看来,这是一种值得尊重和妒忌的事。当我们把一个不读书者和一个读书者的生活上的差异比较一下,这一点便很容易明白。那个没有养成读书习惯的人,以时间和空间而言,是受着他眼前的世界所禁锢的。他的生活是机械化的,刻板的;他只跟几个朋友和相识者接触谈话,他只看见他周遭所发生的事情。他在这个监狱里是逃不出去的。可是当他拿起一本书的时候,他立刻走进一个不同的世界;如果那是一本好书,他便立刻接触到世界上一个最健谈的人。这个谈话者引导他前进,带他到一个不同的国度或不同的时代,或者对他发泄一些私人的悔恨,或者跟他讨论一些他从来不知道的学问或生活问题。一个古代的作家使读者随一个久远的死者交通;当他读下去的时候,他开始想象那个古代的作家相貌如何,是哪一类的人。孟子和中国最伟大的历史学家司马迁都表现过同样的观念。一个人在十二小时之中,能够在一个不同的世界里生活两小时,完全忘怀眼前的现实环境:这当然是那些禁锢在他们的身体监狱里的人所妒羡的权利。这么一种环境的改变,由心理上的影响说来,是和旅行一样的。

　　不但如此。读者往往被书籍带进一个思想和反省的境界里去。纵使那是一本关于现实事情的书,亲眼看见那些事情或亲历其境,和在书中读到那些事情,其间也有不同的地方,因为在书本里所叙述的事情往往变成一片景象,而读者也变成一个冷眼旁观的人。所以,最好的读物是那种能够带我们到这种沉思的心境里去的读物,而不是那种仅在报告事情的始末的读物。我认为人们花费大量的时间去阅读报纸,并不是读书,因为一般阅报者大抵只注意到事件发生或经过的情形的报告,完全没有沉思默想的价值。

据我看来,关于读书的目的,宋代的诗人和苏东坡的朋友黄山谷所说的话最妙。他说:"三日不读,便觉语言无味,面目可憎。"他的意思当然是说,读书使人得到一种优雅和风味,这就是读书的整个目的,而只有抱着这种目的的读书才可以叫做艺术。一人读书的目的并不是要"改进心智",因为当他开始想要改进心智的时候,一切读书的乐趣便丧失净尽了。他对自己说:"我非读莎士比亚的作品不可,我非读索福客俪(Sophocles)的作品不可,我非读伊里奥特博士(Dr.Eliot)的《哈佛世界杰作集》不可,使我能够成为有教育的人。"我敢说那个人永远不能成为有教育的人。他有一天晚上会强迫自己去读莎士比亚的《哈姆雷特》(Hamlet),读毕好像由一个噩梦中醒转来,除了可以说他已经"读"过《哈姆雷特》之外,并没有得到什么益处。一个人如果抱着义务的意识去读书,便不了解读书的艺术。这种具有义务目的的读书法,和一个参议员在演讲之前阅读文件和报告是相同的。这不是读书,而是寻求业务上的报告和消息。

所以,依黄山谷氏的说话,那种以修养个人外表的优雅和谈吐的风味为目的的读书,才是唯一值得嘉许的读书法。这种外表的优雅显然不是指身体上之美。黄氏所说的"面目可憎",不是指身体上的丑陋。丑陋的脸孔有时也会有动人之美,而美丽的脸孔有时也会令人看来讨厌。我有一个中国朋友,头颅的形状像一颗炸弹,可是看到他却使人欢喜。据我在图画上所看见的西洋作家,脸孔最漂亮的当推吉斯透顿(G.K.Chesterton)。他的髭(zī)须,眼镜,又粗又厚的眉毛和两眉间的皱纹,合组而成一个恶魔似的容貌。我们只觉得那个头额中有许许多多的思念在转动着,随时会由那对古怪而锐利的眼睛里迸发出来。那就是黄氏所谓美丽的脸孔,一个不是脂粉装扮起来的脸孔,而是纯然由思想的力量创造起来的脸孔。讲到谈吐的风味,那完全要看一个人读书的方法如何。一个人的谈吐有没有"味",完全要看他的读书方法。如果读者获得书中的"味",他便会在谈吐中把这种风味表

书籍鼓舞了我的智慧和心灵,它帮助我从腐臭的泥潭中脱身出来,如果没有它们,我就会溺死在那里面,会被愚笨和鄙陋的东西呛住。
——[苏联]高尔基

现出来；如果他的谈吐中有风味，他在写作中也免不了会表现出风味来。

所以，我认为风味或嗜好是阅读一切书籍的关键。这种嗜好跟对食物的嗜好一样，必然是有选择性的，属于个人的。吃一个人所喜欢吃的东西终究是最合卫生的吃法，因为他知道吃这些东西在消化方面一定很顺利。读书跟吃东西一样，"在一人吃来是补品，在他人吃来是毒质。"教师不能以其所好强迫学生去读，父母也不能希望子女的嗜好和他们一样。如果读者对他所读的东西感觉不到趣味，那么所有的时间全都浪费了。袁中郎曰："所不好之书，可让他人读之。"

与你共享

一本好书是作者的心灵剖析史，也是读者的心灵锻造史。书中力透纸背的辛酸、激情、空灵、优美、祈望……带给读者的是超越文字的无限广阔的感受空间。因此，书不可死读，而应活读——包括对话、共鸣、体验和塑造。（刘英俊）

作者简介 弗兰西斯·培根（1561~1626） 英国哲学家、科学家。被马克思称为"英国唯物主义和整个近代实验科学的真正始祖"。第一个提出"知识就是力量"的人，被尊称为哲学史和科学史上划时代的人物。主要著作有《论说随笔文集》、《培根论人生》、《论科学的价值和发展》、《新工具》等。

论 读 书

□ [英]弗兰西斯·培根

读书可以作为消遣，可以作为装饰，也可以增长才干。

孤独寂寞时，阅读可以消遣；高谈阔论时，知识可供装饰；处世行事时,正确运用知识意味着才干。懂得事务因果的人是幸运的。有实际经验的人虽能够处理个别性的事务,但若要综观整体,运筹全局,却唯有学识方能办到。

读书太慢会弛懈,为装潢而读书是欺人,只按照书本办事是呆子。

求知可以改进人性,而经验又可以改进知识本身。人的天性犹如野生的花草,求知学习好比修剪移栽。学问虽能指引方向,但往往流于浅泛,必须依靠经验才能扎下根基。

狡诈者轻鄙学问,愚鲁者羡慕学问,聪明者则运用学问。知识本身并没有告诉人怎样运用它,运用的智慧在于书本之外。这是技艺,不体验就学不到。

读书的目的是为了认识事物原理。为挑剔辩驳去读书是无聊的。但也不可过于迷信书本。求知的目的不是为了吹嘘炫耀,而应该是为了寻找真理,启迪智慧。

书籍好比食品。有些只需浅尝,有些可以吞咽,只有少数需要仔细咀嚼,慢慢品。所以,有的书只要读其中一部分,有的书只需知其中梗概,而对于少数好书,则要通读,细读,反复读。

有的书可以请人代读,然后看他的笔记摘要就行了。但这只应限于不太重要的议论和质量粗劣的书。否则一本书将像已被蒸馏过的水,变得淡而无味了!

读书使人充实,议论使人机敏,写作则能使人精确。

因此,如果有人不读书又想冒充博学多知,他就必须很狡黠,才能掩饰无知;如果一个人懒于动笔,他的记忆力就必须强而可靠;如果一个人要孤独探索,他的头脑就必须格外锐利。

读史使人明智,读诗使人聪慧,演算使人精密,哲理使人深刻,道德使人高尚,逻辑修辞使人善辩。总之,"知识能塑造人的性格"。

不仅如此,精神上的各种缺陷,都可以通过求知来改善——正如身体上的缺陷,可以通过适当的运动来改善一样。例如打球有利于腰背,射箭可扩胸利肺,散步则有利于消化,骑术使人反应敏捷,等等。同样,一个思维不集中的人,他可以研习数学,因为数学稍不仔细就会出错。缺乏分析判断力的人,他可以研习形而上学,因为这门学问最讲究繁琐辩证。不善

读书不是为了要辩驳,也不是要盲目信从,更不是去找寻谈话的资料,而是要去权衡和思考。
——[英]弗兰西斯·培根

于推理的人，可以研习法律案例，如此等等。这种心灵上的缺陷，都可以通过求知来治疗。

与你共享

不要点墨成冰而心目如磐的痴读，更无须头悬梁锥刺骨但功利味颇重的苦读，只需轻描淡写的闲读就行。茶余饭后，随手展卷，"知于天地外，意在有无中"，不求甚解，只求一得。拥有这样的心境，便能在书中感受最完整、最纯粹的幸福。

（刘英俊）

作者简介　胡绳（1918~2000）　江苏苏州人。历史学家、哲学家、无产阶级革命家，马克思主义理论家。著有《帝国主义与中国政治》、《从鸦片战争到五四运动》和论文集《理性与自由》、《枣下论丛》等。1997年捐献文集的全部稿酬，设立"胡绳青年学术奖基金"。

两种读书人

□胡　绳

读书人在古代是有特殊优越的身份地位的，"万般皆下品，唯有读书高"。一读了书就和普通老百姓不同，就有权利获得特殊的生活享受，就有资格做官。倘若不做官，去行医，就是"儒医"，比普通医生高一等；去带兵，就是"儒将"，比普通将官也高一等。乃至为娼为丐，倘若知书识字，身价也可以比普通的娼妓、乞丐高一点儿。

读书人之所以有这样高的地位，是封建帝王所有意造成的。

封建帝王虽然推崇读书人,但其实他并不愿意人民普遍地读书,又只准人读一定范围内的书。当帝王高兴时,他也可以让唱戏唱得好的,说笑话说得好的人做大官,他之推崇读书人也还是从这种态度出发。所以他所保护的读书人也只是那甘于为帝王"倡优畜之"的读书人。

这一类读书人,念熟了《圣谕广训》、《四书章句集注》,会写成篇的八股文,进学中举,便俨然以"民之父母"自居。因为得到帝王的特别维护,就无法无天起来了。"读圣贤书,所学何事?"原来他们从来没有学到什么,所做的自然只是贪赃枉法,害民肥己的事了。

古代的读书人就是现在的知识分子。即使是在封建时代,这样的读书人也并不能代表一切知识分子。在封建时代,也有"不为五斗米折腰"的读书人,也有"先天下之忧而忧,后天下之乐而乐"的读书人,也有"穷年忧黎元,叹息肠内热"的读书人。这些可说是真正的读书人,他们只觉得自己对社会负了更多的责任,对于自己的出处进退有更慎重的考虑,而不觉得自己有权利生活在别人的头上。

这样的真正的读书人,因为骨头太"硬",太不"知趣",不会"逢迎",专说些使人"扫兴"的话,所以是封建帝王所不喜欢的。他们也就常常只能过着饥寒流离的生活。他们自己也甘于过这种生活,因为他们羞于和那些倚身于倡优之列的"读书人"为伍!

✤ 与你共享

世上的读书人众多,但读书的目的又各不相同。真正的读书人,应身处功利心之处,而又心怀天下。书应为自己而读,而又为天下人而读,因为读书能让人知礼明志而又乐在其中,如同一朵优美的莲花,娇艳非常而又高雅无比。

(刘英俊)

读书能给人乐趣、文雅和能力。

——[英]弗兰西斯·培根

作者简介

俞平伯(1900~1990) 原名俞铭衡,字平伯,浙江德清人。现代诗人、散文作家、古典文学研究家、红学家。主要作品有诗集《冬夜》、《古槐书屋间》,散文集《燕知草》、《杂拌儿》等。《红楼梦辨》是"新红学派"的代表性著作之一。曾与朱自清同游秦淮河,同以《桨声灯影里的秦淮河》为题作文,留下两篇美文佳作。

青少年受益一生的 名人读书经验

读书的意义

□俞平伯

古人云:"读万卷书,行万里路。"这不仅有关联,是一桩事情的两种看法而已。游历者,活动的书本;读书则曰卧游,山川如指掌,古今如对面,乃广义的游览。现在,因交通工具的方便,走几万里路不算什么,读万卷书的日见其少了。当有种种的原因,最浅显的看法,是读书的动机环境空气无不缺乏。

讲到读书的真意义,于扩充知识以外兼可涵咏性情,修持道德,原不仅为功名富贵做敲门砖。即为功名富贵,依目下的情形,似乎不必定要读书,更无须借光圣经贤传,甚至于愈读书会愈穷,这无怪喜欢读书,懂得怎样读的人一天一天地减少了。读书空气的稀薄,读书种子的稀少,互为因果循环。

现在有一些人,你对他说身心性命则以为迂阔,对他说因果报应则以为荒谬,对他说风花雪月则以为无聊。不错,是迂阔,荒谬,无聊。你试问他,不迂阔,不荒谬,不无聊的是啥?他会有种种漂亮的说法。但你不可过于信他,他只是要钱而已。文言谓之好利。有一个故事,不见得靠得住,只可以算笑话。乾隆帝下江南,在金山寺登高,望见江中大大小小多多少少的船,戏问随銮的纪晓岚,共有几只。这原是难题,拿来开玩笑的,若回答说不知道,那未免煞风景。纪回答得好,臣只见两条船,一条为名,一条为利。在那时,这故事讽刺世情已觉刻露,但现在看来,不免古色古香。意存忠厚，应该对答皇帝道，只有一条船。

好利之心压倒一切，非一朝一夕之故。古人说："不以利为利，以义为利也。"以义为利是遥远的古话。退一步说，以名为利。然名利双收，话虽好听，利必不大。唯有不恤声名的干，以利为利，始专而且厚。道德名誉的观念本多半从书本中来，不恤声名与不好读书亦有相互的关联。

在这一味好利的空气中寻求读书乐，岂不难于上青天，除非我们把两者混合。假如我们能够立一种制度，使天下之俊秀求官位利禄之途必出于读书，近乎从前科举的办法，这或者还有人肯下十载寒窗的苦功，严格说来，这已失却读书的真意义，何况这制度的确立还遥遥无期。

现在有一种情形，这十年以来，说得远一点儿，二三十年以来都如此，就是国文程度显著的低落，别字广泛地流行着，在各级学校任教的，人人皆知，人人皱眉头痛，认为不大好办的事情。这严重的光景，不仅象征着读书阶级的崩溃，并直接或间接影响到民族的前途，国家的生长。

文字教育好像不算得什么。文字原不过白纸上画黑道，一种形迹而已，但文化却寄托在这形迹上。我们常夸说神州立国几千年，华夏提封数万里，这种时空的超卓并不必由于天赋，实半出于人为，皆先民积久辛勤努力所致，我们应如何欢喜惭愧，却不可有恃无恐。方块字的完整，艰深，固定，虽似妨碍文化知识的普及，亦正于无形之中维护国家的统一与永久。从时间上说，我们读古书如《论语》，觉得孔子孟子似乎不太远，而杜工部苏东坡的诗文呢，他们两位活像我们的老前辈，这是方块文字不易变动之力。假如当初完全用音标文字，那不必提周秦两汉，就是唐宋，也就很遥远而隔膜，我们通解先民的情思比较困难，而华夏国本亦因而动摇不定。再从空间说，北自满洲，南迄岭海，虽分南北中三部，细分还有更多的区域，然而，中国始终只是一个。譬如说广东话与北京话完全两样，而纸上文字完全一致。我国屡经外夷侵略，或暂被征服，而于风雨飘摇中始终屹立不失者，上面已表过是先民血汗的成绩，而在民族的团结上，文字确也帮忙不少。历史事实具在，不容易否认的。

所以文字教育的失败，表面上看只是读书种子稀少，一般国文水准低落而已，骨子里已损害民族国家的前途，自非好作危言耸人听闻，废书不读可谓今日之流行病。用功的人难道没有？即有少数的人好学潜修也不足

一个人可以无师自通，却不可无书自通。
——闻一多

挽回这颓风。即以学校教育而论,听讲的时间每多于自修,而自修课业,有如太史公所谓好学深思心知其意者能有几人?我不敢轻量天下之士,武断地说或者不多吧。如何使人安心向学,对读书感到兴味,似是小事,却是牵连社会生计问题,譬如饿着肚子读书当然不成的,更有关于教育考试铨(quán)叙各制度的改革。我们从事教育写作文字的固责无旁贷,但已不仅是个人努力的事,而成为民族复兴国运重光的大业之一了。

与你共享

　　书毫不吝惜地将最美的一面展现了出来,像一幅流光溢彩的画,像一尊完美的雕塑,又像一阙跳跃着欢快音符的乐章,让我们在静默中感受红尘淹没下的赤子之心的强烈跳动,领略岁月剥蚀下人性永存的万种风情!

(刘英俊)

> **作者简介**　塞缪尔·斯迈尔斯(1812~1904)　英国19世纪伟大的道德学家,著名社会改革家和散文随笔作家。主要作品有《自己拯救自己》、《品格的力量》、《金钱与人生》、《人生的职责》等。这些作品在全球畅销一百多年而不衰,塑造了近现代西方道德文明的精神风貌。

与书为友

□ [英]塞缪尔·斯迈尔斯　郑　平　译

　　欲知其人,常可观其所读之书,恰如观其所交之友。与书为友如同与人为友,都应与其最佳最善者常相伴依。

　　好书可引为净友,一如既往,永不改变,两心相伴,陶陶其乐。当我们身陷困境或处于危险,好书终不会翻然变脸。好书与我们亲善相处,年轻时从中汲取乐趣与教诲,到鬓发染霜,则带给我们以亲抚和安慰。

同好一书之人,往往可以发现彼此间习性也有相近,恰如二人同好一友,彼此间也可引以为友。古时有句名谚,"爱我及犬",若谓为"爱我及书",则更不失为一智语。人们交往若以书为纽带,则情谊更为真挚高尚。对同一作家之钟爱,使人们的所思所感,欣赏与同情,都能交相融会。作家与读者,读者与作家,也能相知相通。

英国文艺评论家赫兹利特说:"书籍深透人心,诗随血液循环。少小所读,至老犹记。书中所言他人之事,却使我们如同身历其境。无论何地,好书无须倾尽其囊,便可得之,而我们的呼吸也会充满了书香之气。"

一本好书常可视作生命的最佳归宿,一生所思所想之精华尽在其中。对大多数人而言,他的一生便是思想的一生,因此好书即为金玉良言与思想光华之总成,令人感铭于心,爱不忍释,成为我们相随之伴侣与慰藉。菲利浦·西德尼爵士言:"与高尚思想相伴者永不孤独。"当诱惑袭来,高尚纯美的思想便会像仁慈的天使,翻然降临,一扫杂念,守护心灵。高尚行为的愿望随之产生,良言善语常会激发出畅举嘉行。

书籍具有不朽的本质,在人类所有的奋斗中,唯有书籍最能经受岁月的磨蚀。庙宇与雕像在风雨中颓毁坍塌了,而经典之籍则与世长存。伟大的思想能挣脱时光的束缚,即使是千百年前的真知灼见,时至今日仍新颖如故,熠熠生辉。只要拂动书页,当时所言便历历在目,犹如亲闻。时间的作用淘汰了粗劣制品,就文学而言,只有经典名言方能经久传世。

书籍将我们引入到一个高尚的社会,在那里,历代圣人贤士群聚,仿佛与我们同处一堂,让我们亲聆所言,亲见所行,心心相印,欢悦与共,悲哀同历。我们仿佛也嗅到他们的气息,成为与他们同时登台的演员,在他们描绘的场景中生活、呼吸。

凡真知灼见绝不会消逝于当世,书籍记载其精华而远播天下,永成佳音,至今为有识之士倾耳聆听。古时先贤之影响,仍融入我们生活的氛围,我们仍能时时感受到逝去已久的人杰们一如当年,活力永存。

诵读一册好书是不断地对话。书讲着,读者的灵魂答着。
——[法]莫罗阿

懒依书桌,随手展卷,目走如行,岁月在身边悠悠流淌,不时激起欢乐的浪花。与书为友,放飞文字,驰骋想象,纵容冥思,感受树叶一片片羽化。那干燥沉寂的空气,和寻书人的足音袅袅,早已在心底共长天一色。 (刘英俊)

作者简介　张炜　1956年生,山东龙口人。当代作家。代表作有长篇小说《古船》、《九月寓言》、《外省书》、《丑行或浪漫》、《能不忆蜀葵》,中篇小说《瀛洲思絮录》、《秋天的愤怒》,短篇小说《冬景》、《声音》、《一潭清水》、《海边的雪》,散文《融入野地》、《羞涩和温柔》等。

书 的 长 旅

□张　炜

　　从很早的时候起,我就知道:人这一生没有书会是很苦的。在未来的日子里,谁如果不怕苦,那他就拒绝书好了。人的一生好比一次长长的旅行——这个比喻差不多人人都会。人的一生有多少欢乐,多少困苦,又从中获取了多少思想和感悟——有人把这一切写下来,就是所谓的书。读书,就是读许许多多的人生。每个人因为只有一生,他要在一生中解决那么多的困惑,迎接那么多的挑战,进行那么多的尝试,时间不够了,于是只有读书。

　　我有幸比较早地得到了许多书,而且被强烈吸引。从过去到现在,世界上的事物,比书更能够吸引我的,好像不太多了;比书具有更长久魅力的,好像就更没有了。书真的是人,是人的历史和灵魂,既然如此,那么世界上还有什么比人更有魅力的呢?我十几岁即开始一个人生活,在这样孤寂的时光中,幸亏有了书。我把所有珍爱的书都放了在了背囊中,它们数量不多,但一本本都是层层包裹了的。那些书不同于后来的书,它们都是我最贴近的亲人和朋友。由于走远路不能带许多东西,所以随身携带的书都是非常喜爱的、一遍又一遍读过的、差不多已能逐句背诵的。后来我年纪渐大,居有定所,书也越来越多,但我最为珍视的,还是原来背囊中的那几本。

过去读书的时候,我只是读那满页的文字;因为我还没有能力透过文字的栅栏,看到作者的身影。而现在我重新去读小时候读过的那些书,结果就看到了一个个不同的、可爱可敬的身影。原来是他们陪伴了我的童年,我会一生想念他们,感谢他们。

我现在存了很多书,家里越来越像个书店。不过只要遇到喜欢的书,还是一定要买下来。我的手见了书总是发痒。我从来认为,书是世界上最美的东西(当然,也有一些极坏的东西要扮成最美的模样,比如说扮成书)。

我不太看电视,因为书远远比电视吸引人。书更能让我去思想,书所给予我的深层的欢乐,电视总是极少给予。一般而言,电视是对于书的简单地图解,那么要理解更复杂的问题,更深广的问题,就非看书不可。电视自有它可爱的方面,比如从它那儿寻找一般性的娱乐。有人预言在这个声像化了的现代世界上,终有一天书籍会被完全地取代。我不相信。如果真有那么一天,我们人类一定是进入了最为可悲的一个时期;到了那个时候,我们人类所热爱了千万年的这个世界,还会存在吗?我真的不知道了。

与你共享

当我们真正置身书中时,紧张和劳累忘却了,喧嚣和打扰远去了,处事的烦恼和忧愁也消失了……风景独好的智慧天堂和心灵港湾,就是书让人沉迷其中的缘由。"黄卷催吾朝早起,青灯伴人夜迟眠",尽是痴情,尽是疯狂。

(刘英俊)

读书譬如饮食,从容咀嚼,其味必长;大嚼大咽,终不知味也。

——(南宋)朱 熹

作者简介

约翰·罗斯金(1819~1900)　英国著名学者、作家、艺术评论家。其主要作品有《金河王》、《建筑的诗歌》、《威尼斯的石头》、《佛罗伦萨的早晨》等。其作品语言优美,内容深刻,对甘地、托尔斯泰和普鲁斯特有较大影响,普鲁斯特甚至为了翻译罗斯金的作品而下决心学习英语。

论 书 籍

□ ［英］约翰·罗斯金

　　所有的书都可以分为两大类:一类是暂时性的;另一类是永久性的。两者的区别并不是品质上的好坏,而纯粹是类型的不同:坏书固然难以经久不衰,但有些坏书却世代相传;好书当然有千古流芳的,但也有些好书转瞬即逝。

　　我不想在这里谈论坏书,只想探讨一下为什么好书会有永久与暂时的差异。可以这么下一个定义:暂时性的好书就是那些想告诉别人,而又无法与之面谈,因而印刷出来的有用或有趣的谈论。这是些旅途见闻、幽默故事、围绕某个问题的辩论、对社会生活的真实报道、对世态炎凉的惆怅感慨等等。有些侃侃而谈,妙趣横生;有的告诉你一些必须知道的事务,有实用价值。这种书随着教育的普及而流传日广,大量出版,成为当代的特产。对于这些应时之做我们当然应该表示欢迎,从中获得各种益处。但是,如果我们把它们当做真正的杰作,那就反受其误了,因为严格地说,这些书根本不能算是创作,只是一些书简、新闻、资料或其他出色的印刷品。

　　在当今的时代,朋友们的来信可慰悬望之情,但不一定值得保存起来;报纸则很适于饭后浏览,而不是精神上的主食;那些使你消除旅途疲劳,告诉你许多趣事,为你解决许多问题的文章,虽然集录成册能使你得益不浅,但却不能算是一部真正的著作,因而也不值得悉心研读。

　　创作在本质上并不是一种可谈之言,而只适于书写,而且写下来是为了流传，而不是为了转述。可谈之事编印成书，只是因为作者无法一下子向成千上万的人讲述，只好把自己的话语复制下来，变成文字符号，传达给别人，要是大家都能同时听到他的谈话，他一定愿意讲述，而不必印到纸上。正如你无法和远方的朋友叙谈，只好以信为媒介，把你的声音传达给对方，要是能够面晤，你一定直接谈论而不用写信。但是创作的过程绝对不是为了把一些要说的话复制或传达出来，而是为了写出具有永恒性的好书。作者感受到一种强烈的欲望，要把一些至真、至善、至美的东西表达出来，他相信至今还没有一个人写过这样的作品，也认为除了自己再没人孕育出这样的作品，命里注定要由自己来呕心沥血，形诸笔墨，这就会产生千古流传的杰作。他在写作时夜不能寐，食不甘味，直到头脑中的构思如阳光照耀下的景物那样清晰，直到那些真知灼见终于见诸笔端，才稍感心安，他觉得自己的生命正在这部书中重新诞生。如果可能的话，他会在墓碑上刻道："我的著作是我生命的精华，除此之外，我的一生和他人无异，只是在吃、喝、玩、睡，还有爱和恨。我的一生像蒸气那样虚无缥缈，只有这些书是真实和值得留恋的。"这些书是他毕生经验阅历和才智灵感交凝而成的结晶，是真实意义上的书。

也许你觉得没有一本书是这样写成的吧？那么你是不是相信诚挚和博爱，是不是相信天禀聪颖的人同时具有这种品格呢？我想你不会作出否定的回答。那些睿智之士怀着真诚和博爱来表现人生时，就会创造出艺术珍品杰作。当然其中难免掺杂一些败笔或虚妄，但只要你能客观地分析，便能够识别出那些伟著佳作，那些具有永久价值的书。

每一个时代都有一些伟人在写这些真正的书，诸如大学问家、大政治家、大思想家，因此有许多杰作可供你选读。你也一定感到人生苦短，但不知你是否为自己短暂的一生作过规划，衡量过自己的阅读能力？你可知道如欲顾此就得失彼？你是否牢牢记住光阴一去不返，今天所失不能得之于明天？你难道愿意把可以与皇帝或皇后侃谈的时间浪费在与马夫的闲聊上？你难道愿意在智慧之门向你敞开，把许多博大精深的不朽之作呈现在你面前，任你享用之时，仍然醉心于功名利禄，纠缠于世俗纷争？在书的世界里，你可以任意驰骋。你可以结识许多伟大的人物，建立起高贵的友谊，在与这些伟人的交往中，你会进一步认识自己的思想格调，提高自己的道

读书破万卷，下笔如有神。
——(唐)杜 甫

113

德修养,以你所崇拜的人物来衡量自己的行为,激励自己在社会生活中不断追求更高尚的目标。

与你共享

书籍启迪的是阅读者的智慧,影响的是读书人的世界观。一本本书层叠在一起,铺就的是自我完善、积极向上的阶梯。是的,阅读为我们搭建了一座辉煌的精神殿堂,而那些代代流传的著作是构建这座殿堂的砖和瓦。

(刘英俊)

读书的方法

懂得读书的人，可以从一本书中读到很多东西。他们读到了书中有的东西，还读出了更多书中没有的东西。不懂得读书的人，他们对书中有的东西尚且挂一漏万，更无从读出书中没有的东西了。

读书的关键就在于你有没有掌握属于你自己的读书方法。读书犹如饮食，有的人狼吞虎咽，读破万卷，却往往吸收不好；有的人吃得很少，但注重营养，善于品读，便容易快乐而健康。

钱钟书是怎样做读书笔记的

□ 杨　绛

（作者简介见第 73 页）

许多人说，钱钟书记忆力特强，过目不忘。他本人却并不以为自己有那么"神"。他只是好读书，肯下工夫，不仅读，还做笔记；不仅读一遍两遍，还会读三遍四遍，笔记上不断地添补。所以他读的书虽然很多，却不易遗忘。

他做笔记的习惯是在牛津大学图书馆(Bodleian——他译为饱蠹 dù 楼)读书时养成的。因为饱蠹楼的图书向来不外借。到那里去读书，只准携带笔记本和铅笔，书上不准留下任何痕迹，只能边读边记。钟书的"饱蠹楼书记"第一册上写着如下几句："廿五年(1936 年)二月起，与绛约间日赴大学图书馆读书，各携笔杙，露钞雪纂，聊补三箧(qiè)之无，铁画银钩，虚说千毫之秃，是为引。"第二册有题词如下："心如椰子纳群书，金匮青箱总不如，提要勾玄留指爪，忘筌他日并无鱼。(默存题，季康以狼鸡杂毫笔书于灯下)"这都是用毛笔写的，显然不是在饱蠹楼边读边记，而是经过反刍，然后写成的笔记。

做笔记很费时间。钟书做一遍笔记的时间，约莫是读这本书的一倍。他说，一本书，第二遍再读，总会发现读第一遍时会有很多疏忽。最精彩的句子，要读几遍之后才发现。

钟书读书做笔记成了习惯。但养成这习惯，也因为我们多年来没个安顿的居处，没地方藏书。他爱买书，新书的来源也很多，不过多数的书是从各图书馆借的。他读完并做完笔记，就把借来的书还掉，自己的书往往随手送人了。钟书深谙"书非借不能读也"的道理,有书就赶紧读,读完总做笔记。无数的书在我家流进流出,存留的只是笔记,所以我家没有大量藏书。

钟书的笔记从国外到国内,从上海到北京,从一个宿舍到另一个宿舍,从铁箱、木箱、纸箱,以至麻袋、枕套里出出进进,几经折腾,有部分笔记本已字迹模糊,纸张破损。钟书每天总爱翻阅一两册中文或外文笔记,常把精彩的片段读给我听。我曾想为他补缀破旧笔记,他却阻止了我。他说:"有些都没用了。"哪些没用了呢?对谁都没用了吗?我当时没问,以后也没想到问。

钟书去世后,我找出大量笔记,经反复整理,分出三类。

第一类是外文笔记(外文包括英、法、德、意、西班牙、拉丁文)。除了极小部分是钟书用两个指头在打字机上打的,其余全是手抄。笔记上还记有书目和重要的版本以及原文的页数。他读书也不忽略学术刊物。凡是著名作家有关文学、哲学、政治的重要论文,他读后都做笔记,并记下刊物出版的年、月、日。钟书自从摆脱了读学位的羁束,就肆意读书。英国文学,在他已有些基础。他又循序攻读法国文学,从15世纪到19世纪而后20世纪;也同样攻读德国文学、意大利文学的历代重要作品,一部一部细读,并勤勤谨谨地做笔记。这样,他又为自己打下了法、德、意大利文学的基础。以后,他就随遇而读。他的笔记,常前后互相印证参考,所以这些笔记本很难编排。而且我又不懂德文、意大利文和拉丁文。恰逢翻译《围城》的德国汉学家莫宜佳博士(Professor Dr.Monika Motsch)来北京。我就请她帮我编排。她看到目录和片断内容,"馋"得下一年暑假借机会又到北京来,帮我编排了全部外文笔记。笔记本共178册,还有打字稿若干页,全部外文笔记共三万四千多页。

第二是中文笔记。他开始把中文的读书笔记和日记混在一起。1952年知识分子第一次受"思想改造"时,他风闻学生可检查"老先生"的日记。日记属私人私事,不宜和学术性的笔记混在一起。他用小剪子把日记部分剪掉毁了。这部分笔记支离破碎,而且都散乱了,整理很费工夫。他这些笔记,都附带自己的议论,亦常常前后参考、互相印证。以后的笔记他都亲自记下书目,也偶有少许批语。中文笔记和外文笔记的数量,大致不相上下。

读书对于智慧,就像体操对于身体一样。
——[美]爱迪生

第三类是"日札"——钟书的读书心得。日札想是"思想改造"运动之后开始的。最初的本子上还有涂抹和剪残处。以后他就为日札题上各种名称,如"容安馆日札"、"容安室日札"、"容安斋日札";署名也多种多样,如"容安馆主"、"容安斋居士"、"槐聚居士"等;还郑重其事,盖上各式图章。我先还分门别类,后来才明白,这些"馆"、"斋"、"室"等,只是1953年"院系调整"后,我家居住的中关园小平房(引用陶渊明《归去来辞》"审容膝之易安")。以后屡次迁居,在钟书都是"容膝易安"的住所,所以日札的名称一直没改。

日札共23册、2000多页,分802则。每一则只有数目,没有篇目。日札基本上是用中文写的,杂有大量外文,有时连着几则都是外文。不论古今中外,从博雅精深的历代经典名著,到通俗的小说院本,以至村谣俚语,他都互相参考印证,融会贯通,而心有所得,但这点"心得"还待写成文章,才能成为他的著作。《管锥编》里,字字都是日札里的心得,经发挥充实而写成的文章。

与你共享

读书经验告诉我们:好记性不如烂笔头。读书不仅要动眼看,还要动手记,白纸黑字,清清楚楚。也许我们做不到像钱钟书那样一字一句用各种语言保存下来读书的心得,但有时我们的经历和思想就是靠一笔一画保存的。

(韩昌元)

作者简介　白岩松　蒙古族,中央电视台新闻评论部主持人。1968 年出生于内蒙古海拉尔市。先后参加了香港回归、三峡大江截流、中国加入 WTO 等重大活动的新闻报道,任中央电视台《东方时空》、《新闻会客厅》和《新闻周刊》等栏目主持人。

五类作品的读法

□白岩松

一、散文:读它有五忌

现在读散文并不是件很轻松的事,散文一热,写散文的人就多;而写的人一多,水平就参差不齐了。时间本来宝贵,如果很多闲暇被劣质散文占了去,那享受就有了苦涩。也因此,我在读散文之前,时常是要慎重选择的。那些在好几个地方开专栏的作家,他们的散文我不读,小女人散文不读,过分风花雪月的不读,急就章的不读,太前卫的不读……虽然如此慎重,但也时常看走眼,不过往往读过几段,劣质的也就让你断了往下读的念头。

但千万别因为没遇到真货就躲开散文。在诸多文体中,散文是最容易让人找到读书乐趣的。

无论是严冬还是酷暑,无论是深秋还是初春,一篇好的散文,读过之后,都会让窗外的平常景致变得美丽起来。

二、小说:中长篇最能出彩

读小说是阅读中最好的从现实中逃离的方法,拿起或厚或薄的一本,几页下去,生活的时空便与小说中的同步,然后和主人公同喜同悲,深深

读书是在别人思想的帮助下,建立自己的思想。

——[俄]鲁巴金

地投入后,还会时常感觉自己变成主人公,那种感觉就更加刻骨铭心。不过,读长篇小说的时候毕竟少了,那种很长时间不知肉味的快乐也因此变少,但不长的小说却似乎精品更多。这几年中,读余华的《活着》、《许三观卖血记》,刘恒的《贫嘴张大民的幸福生活》等作品最让我拥有再读的冲动。也许目前的中国作家,在不到20万字的中长篇小说的创作中功力最深,作品的水平也最高,因此阅读这个长度的小说,自己最有信心,结果也往往是这样。

三、纪实:应先天下之忧而忧

从纪实文学中,读到的总是一种内心的忧患,歌功颂德的少有优秀之作。近20年来,打动人心的纪实作品都拥有一种或悲壮或让人忧患的内在风格。

1996年是"文化大革命"30周年。在那一年的前后,我读了大量记录从反右到"文革"这一阶段的纪实作品。历史才隔了不长的岁月,当初的真实在今天就已经有了荒诞的感觉。可怕的是,那样一段灾难岁月,正有着一种被故意遗忘的倾向,而阅读是如今唯一可以靠近那段历史的机会。

读这种纪实作品,心情总不会很好,与其说是带着乐趣去读,不如说是带着责任去读。这样的作品很多,读起来也让人感慨万千。如果说好的散文是让人读过之后有种灵魂升空的愉悦感;那么,好的纪实作品则会让人有种双脚再次着地的沉重感:我们毕竟不能遗忘过去,哪怕无法提醒别人,但通过阅读提醒自己也是好的。不长的历史中,被尘封的人和事还有很多,我们现在读到的纪实作品还只是刻画出冰山的一角。

因此,我们完全可以期待,在不远的将来,还会有更多更让人震惊与感慨的纪实作品让我们去不轻松地翻阅。

四、诗歌:可读的慢慢没了

在所有的文学作品里,诗歌是最为浓缩的,与其说它是由笔写成的,不如说是由诗人们的血和泪浓缩而成的。也因此,读诗便能体会到一种强烈的心灵碰撞。"卑鄙是卑鄙者的通行证,高尚是高尚者的墓志铭。""黑夜给了我黑色的眼睛,我却用它寻找光明。""一切都是命运,一切都是烟云。""与其在悬崖上展览千年,不如在爱人的肩膀上痛哭一晚。"……这样的诗句早已刻进人们的生命中,思考也正因为如此而产生,读诗的时候,血是热的,也因此,诗歌多属于青春岁月。

由于和诗歌深深地结过缘,便时常想在新诗中找感动,但遗憾的是,可读的诗却慢慢没了。于是知道,读诗的快乐与震撼只能在回忆中寻找。

五、传记:体验不同人生

读传记是体验不同人生的最好方法。可惜,读人物传记在我们国内并没有成为一种阅读的时尚,这一点和国外大不相同。杨振宁在接受采访时就告诉我:闲暇时最爱读人物传记,而在国外图书排行榜上,各种人物传记也时常名列其中。

可能是由于工作的关系,时常要采访东方之子,要和不同的人打交道,因此各种人物传记也看了许多。看传记不是看人的一帆风顺,而恰恰是看传记中的人物在苦难面前是如何走过的,人生最关键的几步又是如何定夺的。我们每个人的一生都不可能重来,因此关键处也就那么几步。看多了别人的传记,关键时刻自己的主意也就好拿些,会避免一些错误和失误,当然这是一种实用性的做法。而更多的,在优秀人物传记中,我们会读到一种人生观,一种对生命的感悟与思考,这正是开卷有益之处。

🌸 与你共享

读散文是掺进感情,读小说是参与故事,读纪实是带上忧患,读传记是感悟人生……那么,读书其实就是一种平静的交流,是一颗心与另一颗心的相遇、相知和相融。因此,如果我们真的在喜欢的文字面前有一颗平静而真诚的心,那么读书的方法反倒是次要的了。 (韩昌元)

外物之味,久则可厌;读书之味,愈久愈深。
——(北宋)程 颐

尼克松(1913~1994)　美国第 37 任总统(1969~1974)。生于加利福尼亚州。执政后,对内的目标是抑制通货膨胀,重振美国经济。对外,提出尼克松主义,与中华人民共和国直接接触,于 1972 年实现访华,打开了两国关系的大门。因"水门事件"辞职,成为美国有史以来第一个自动辞职的总统。著有《六次危机》《尼克松回忆录》《真正的战争》等。

一个总统的阅读心得(节选)

□ [美]尼克松

　　有些人把我的一些公开讲话解释为,我认为电视纯粹是一种灾难。事实上,看电视可能是一种廉价的、引起兴趣的,甚至是有价值的娱乐。任何一位去过医院或养老院的人都知道电视对病人和老人是多么重要。父母和祖父母把它当做廉价保姆,它可以用来教 4 岁的孩子认字母和数数。就我的政治生涯而言,它在 1952 年挽救了我一次,在 1960 年使我受挫,而在 1968 年又帮我东山再起。

　　另一方面,电视强调事物的外表,而不是它的实质。它对于历史悠久的会话艺术来说,是个灾难。它的最消极的影响,是促使读书风气衰落,不管它是为取乐,还是为求知。它对报业的影响最引人注目,一些城市曾维持三四家报纸,现在勉强维持一家。一个经常批评新闻界的人为何为一些报纸的死亡而悲哀?这是因为在一个社会里新闻舆论的多样化有助于保持新闻的诚实。宣传工具如同其他大的行业,垄断滋生傲慢。

　　我必须承认,我始终对读书有着个人的偏爱。在我上学之前,我母亲就教我读书。我有幸碰到一些启发我热爱读书的优秀教师,除非我喜爱的代表队正在比赛,我在读书和看电视二者之间,总是选择前者。

　　读书既比看电视有更多的乐趣,也比谈话更有效益。虽然一次好的谈话令人鼓舞,但对我来说,阅读却是吸收、分析和理解别人思想的一种最佳方式。我在白宫的时候对这一点感触最深。决策者必须吸收大量的信息,阅读在这方面是最快和最好的手段。要求顾问以书面形式提出意见,就促使他做更严密的思考。肤浅而错误的见解和思想,在白纸黑字中总是暴露无遗。阅读还能排除能言善辩所引起的近乎催眠的影响。C.P.斯诺说,他有时被托洛茨基的口才所左右。具有这种才能的演说家要左右别人没有困难。

用书面汇报而不是口头汇报,也节省时间。读比听快四五倍,而最重要的是,阅读对读者和作者双方而言,均要求思想上的条理化。那些声称自己正把"考虑的东西讲出来"的人,并没有想得很清楚,多数人在动笔时,才思考得较好。

面对大量的政策备忘录,我常把它们按轻重程度排列。我经常首先略读一下不重要的文件,以便有更多的时间用于重要的文件——进行评价,分解为若干部分,分析优点和弱点。我的阅读速度不快,看不完大量材料,在此意义上这是不利之处。但也是有利之处,因为这保证我在就一个重要问题作出决定之前彻底消化有关的材料。

1968年,林登·约翰逊在总统大选之后带我去白宫参观。当时,我发现他在椭圆形办公室、隔壁的私人办公室、办公室的洗澡间和卧室里各有3台电视机。他还有一个有线收录器。我清楚地记得,我们谈话时,他起身从收录器上撕下最近一份报告,了解关于他的仪表和讲话的报道情况。

后来,我把这些装置撤销了。我并非对它们不感兴趣,而是缺少时间。我在白宫时几乎不看晚新闻,更不愿受罪地一直看完星期日谈话节目。相反,我读节目中最重要的部分。这样你就节省了时间,免得老去想新闻媒介是怎么对待你的。我总是坚持要了解评论家在写什么、说什么。然而,阅读这些比在起居室里听他们讲要少受烦扰。

我一直抑制自己,不从头到尾地阅读关于我个人的文章,这种文章与涉及我处理问题的文章不同。把我的形象说成是正面的或反面的,都没关系。阅读否定你的文章,只能分散你对真正重要问题的注意力;阅读肯定你的文章也只能使你过分自信。

在阅读新闻报道、专栏或总统工作人员准备的政策备忘录的时候,你应当注意它们的来源。每一篇值得一读的文章均持某种观点。不管作者是

我们读书时应该弄懂的不是书中的文字,而是我们感觉到的出现在字里行间的人。
——[英]小巴特勒

第5辑

读书的方法

123

否真想持客观态度,他的文章无疑会反映自己的偏见。因此,尽管你对一位助手多么信任,但也有必要让他把反对的意见随同多数人的意见一同提供给你,以便由你、而不是由助手来判定是非。同样,当一位高级工作人员把政策备忘录呈上来时,我坚持让他告诉我撰写者的姓名。对级别较低的政府工作人员来讲,没有什么比接到总统对其工作表示感谢的便条或电话更鼓舞他们的士气了。

为了工作,一位总统一天需要阅读许多小时,但他也不应忘记为消遣而读书。西奥多·罗斯福是美国总统中最博览群书的人。有一次他说,如果没有书读,他哪里也不去,"甚至不去非洲丛林"。在狩猎旅行中,为了不放过任何一个读书的机会,他总是在马鞍或口袋里装上一两本书。我在华盛顿的丛林中也是这样做的。

我在 1965 年访问澳大利亚的时候,罗伯特·门齐斯首相告诉我,他一天内总是抽出半小时,在星期六和星期天抽出一小时来读书消遣,并劝我也这样。我从来没有得到比这更好的建议!一位总统不应当那么受累去读他不得不读的东西,以致没有时间去读他想读的东西。

也许有人会说,读书消遣纯系逃避正业,领袖们可浪费不起时间。然而,没有人不同意,一位领导人也需要从沉重的工作负担中摆脱出来,而阅览是最好的消遣办法。观看电视和电影也能达到此目的,但它们是消极的娱乐方式,而阅读是积极的,它调动、锻炼、扩大我们的思想。

在危急时刻读书,可能尤其有益。此时,一位领袖最需认清形势。如果他应该把注意力集中于长远的目标,就必须把眼前的问题放一放,阅读有助于此。他也许在读的东西中找不到解决问题的答案,但是新的思想会使他的心灵振奋起来,使他以新的精力去处理问题。

良好的大学教育的目的是为了扩大思想、开阔视野和获得明察事物的能力。读书计划应当以此为目的。多数人大学毕业就不再这样阅读了,只按工作的需要去阅读,自身其他方面的教育便随即停止。他们的视野变得狭窄,也丧失了洞察力。最后,他们对某些事情什么都懂,对所有的事情却什么都不懂。

最难回答的问题是向别人推荐阅读书目。我喜爱历史、传记和哲学著作,但也同意一位涉猎广泛的报刊专栏作家默里·坎普顿的看法。他最近告诉我,文学名著不可不读。一个人可以从托尔斯泰和陀思妥耶夫斯基的小说中,了解到较多的关于俄国革命力量的情况,他们曾在 19 世纪震撼了俄国。如只读学者们对那段历史所做的不真实的描写,则了解不到那么多的情况。一些当代比较好的小说是对现实生活的较准确写照,比学术界象牙之塔上产生出来的带有偏见的多数鸿卷巨帙要准确得多。

与你共享

放在读书上的时间,无论多少,都不能算是浪费。当然,这"书"肯定是值得为之付出时间、精力和感情的书。尼克松的读书习惯因为他的总统身份而显得忙里偷闲,而我们不一样,可选择的好书有很多,只要肯读,我们总能不断地收获。

(韩昌元)

作者简介

张五常 1935 年生于香港。国际知名经济学家,新制度经济学和现代产权经济学的创始人之一。著有《五常学经济》、《中国的前途》、《学术上的老人与海》、《凭栏集》等。

读书的方法(节选)

□(香港)张五常

我给学生们建议一些实用的读书方法,若能习惯运用,不但可以减轻考试的压力,而对更重要的知识投资会是事半功倍的。

两个人如果读过同一本书,他们之间就有了一条纽带。

——[美]爱默生

一、以理解代替记忆

很多人都知道明白了的课程比较容易记得，但理解其实并不是辅助记忆——理解是记忆的代替。强记理论不仅是很难记得准确：当需要应用时，强记的理论根本无济于事。明白了理论的基本概念及含义，你会突然觉得你的记忆力如有神助。道理很简单，明白了的东西就不用死记。但理论的理解有不同的深度，也有不同的准确性。理解愈深愈准确，记忆就愈清楚，而应用起来就愈能得心应手。所以读书要贯通——理论上的不同重点的连带关系要明白，要彻底——概念或原则的演变要清楚。

要在这些方面有显著的进步易如反掌，而学生也不需多花时间。他只要能改三个坏习惯，一年内就会判若两人。

第一个坏习惯，就是上课时"狂"抄笔记。笔记是次要，甚至是可有可无的。这是因为抄笔记有一个无法补救的缺点——听讲时抄笔记分心太大！将不明白的东西抄下来，而忽略了要专心理解讲者的要点，是得不偿失的。我肯定这是一般学生的坏习惯。例如好几次我故意将颇明显的错误写在黑板上，200多学生中竟无一人发觉，只知低着头忙将错误抄在笔记上。

笔记有两个用途。一是将明白了的内容，笔记要点。但若觉得只记要点都引起分心，就应放弃笔记。明白了讲者的内容是绝不会在几天之内忘记的。很多讲者的资料在书本上可以找到，而在书本上没有的可在课后补记。老师与书本的主要分别，就是前者是活的，后者是死的。上课主要是学习老师的思想推理方法。二是在上课听不懂的，若见同学太多而不便发问，就可用笔记写下不明之处，于课后问老师或同学。换言之，用笔记记下不明白的要比记下已明白的重要。

第二个坏习惯，就是将课程内的每个课题分开读，而忽略了课题与课题之间的关系，理解就因此无法融会贯通。为了应付考试，学生将每一个课题分开读，强记，一见试题，不管问什么，只要是似乎与某课题有关，就大开"水喉"，希望"撞"中——这是第二个坏习惯最明显的例子。

要改掉这个坏习惯，就要在读完某一个课题，或书中的某一章，或章中可以独立的某一节之后,要花少许时间去细想节与节、章与章、课题与课题之间的关系。能稍知这些必有的连带关系,理解的增长就一日千里。这是因为在任何一个学术的范围内,人类所知的根本不多。分割开来读,会觉得是多而难记;连贯起来,要知要记的就少得多了,任何学术都是从几个单元的基础互辅而成,然后带动千变万化的应用。学得愈精,所知的就愈基本。若忽略了课题之间的连贯性,就不得其门而入。

　　第三个坏习惯,主要是指大学生的,就是在选课的时候,只想选较容易的或讲课动听的老师。其实定了某一系之后,选课应以老师学问的渊博为准则,其他一切都不重要。跟一个高手学习,得其十之一二,远胜跟一个平庸的学得十之八九。这是因为在任何一门学术里面所分开的各种科目,都是殊途同归。理解力的增长是要知其同,而不是要求其异。老师若不是有相当本领,就不能启发学生去找寻不同科目之间的通论。

二、兴趣是因思想的集中而燃烧起来的

　　我们都知道自己有兴趣的科目会读得较好,但兴趣可不是培养出来的。只有总想能在某科目上集中,才能产生兴趣,可以培养出来的是集中的能力。无论任何科目,无论这科目是跟你的兴趣相差多远,只要你能对之集中思想,兴趣即盎然而生。

　　对着书本几小时却心不在焉,远比不上几十分钟的全神贯注。认为不够时间读书的学生都是因为不够集中力。就算是读大学,每天课后能思想集中两三个小时也已足够。要培养集中力也很简单。第一,分配时间。读书的时间不需多,但要连贯。明知会被打扰的时间就不应读书。第二,不打算读书的时间要尽量离开书本,"饿书"可加强读书时的集中力。第三,读书时若觉得稍有勉强,就应索性不读而等待较有心情的时候——厌书是大忌。要记着,只要能集中,读书所需的时间是很少的。

　　将一只手表放在书桌上。先看手表,然后开始读书或做功课。若你发觉能常常在 30 分钟内完全不记得手表的存在,你的集中力已有小成。每次读书都能完全忘记外物一小时以上,你就不用担心你的集中力了。

　　读书在于造成完全的人格。

——[英]弗兰西斯·培根

三、书分三读——大意、细节、重点

学生坐下来对着书本,拿起尺,用颜色笔加底线及其他强调记号。读了一遍,行行都有记号,这是毁书,不是读书。书要分三读:

第一读是快读,读大意,但求知道所读的一章究竟是关于什么问题。快读就是翻书,跳读;读字而不读全句,务求得到一个大概的印象。翻得惯了,速度可以快得惊人。读大意,快翻两三次的效果要比不快不慢地翻一次好。第二读是慢读,读细节,务求明白内容。在这第二读中,不明白的地方可用铅笔在页旁作问号,但其他底线或记号却不可用。第三读是选读,读重点。强调记号是要到这最后一关才加上去的,因为哪一点是重点要在细读后才能选出来,而需要先经两读的主要原因,就是若没有经过一快一慢,选重点很容易会选错了。

在大学里,选择书本阅读是极其重要的。好的书或文章应该重读又重读;平凡的一次快读便已足够。在研究院的一流学生,选读物的时间往往要比读书的时间多。

虽然我在以上建议的读书方法是着重大学生,但绝大部分也适合中小学生学习。自小花一两年的时间去养成这些读书的习惯,你会发觉读书之乐,实难以为外人道。

与你共享

有人说知识是海洋,可见我们面对的未知多么深邃。伟人的一句"我只是从知识的海洋里得到了一桶",让我们羡慕不已。那么,从浩瀚的知识海洋中打捞出一桶精华就在于读书的方法和技巧了。如果说兴趣是方向,那么理解就是真谛,而良好的读书习惯则是基础。

(韩昌元)

作者简介

　　王蒙　1934年生于北京,祖籍河北。当代著名作家,曾任国家文化部部长。著有长篇小说《青春万岁》、《活动变人形》、《青狐》、《尴尬风流》等,以及自传三部曲《半生多事》、《大块文章》、《九命七羊》。其《最宝贵的》、《悠悠寸草心》、《春之声》、《蝴蝶》、《相见时难》等先后获全国优秀短、中篇小说奖。曾获得意大利蒙德罗文学奖和日本创作学会的"和平文化奖"等。

这辈子哪本书是属于自己的

□王　蒙

　　关于读书,我随便说一点。

　　第一,我读书不是读得最好的,有很多书别人读过,我都没读。还有别人非常热爱读的,我老读不完。比方说《战争与和平》,写得好,我也好多次看,但是读不完。还有《百年孤独》,我也读过,有一次我都读到五分之三以上,快到五分之四了,我死活不读了,因为我觉得这位大师的路子已经被我给掌握住了,就不想再看了。当然还有《追忆似水年华》,很多人我问了半天都跟我一样没有读完。

　　人老了以后,回想一辈子到底读过几本书,印象真正深的没有几本,包括被反复阅读过的。《毛泽东选集》是反复背,不仅用汉文背还用维文背,印象很深。毛主席的逻辑、句法,包括反毛泽东的那些人,都在跟毛泽东学。还有《唐诗三百首》,不管编得多么差,有什么缺点,都是理论家说它有缺点,作为读者,没有什么别的可以代替。相信各位都熟读《唐诗三百首》,见了《唐诗三百首》不读的人很少。真正读的一个是《红楼梦》,一个是《道德经》。庄子好看,但是看多了起急,因为有的地方分析得绝,有的地方发飘,不如老子,一句是一句,能砸出坑。真正爱读的书,真正算读过的书是非常有限的。所以,一个人总要找几本自个儿最爱读的书认真读,其他的只能算浏览或者是获得一些信息。

　　读书要在存心久。

——(北宋)苏　轼

第二，工具书。什么都可以省，工具书不能省，特别是像我没有多少真才实学的人，全靠工具书。我不管想一个什么问题都先查《辞源》，查完以后，我的学问立刻就大了，不但查《辞源》，而且查汉英辞典，学问就更大了，再查《百科全书》。我想起我女儿小时候的一个名言，她那时候看我老查辞典，就问她妈，这是什么书这么厚？我老伴说这叫辞典。她说辞典是干吗的？你爸爸不认识的字就找它。我女儿说，我爸爸这么多字都不认识啊？她算抓住问题要点了。很多字其实咱们都不认识，中国人又特别讲究字。

每一个人要掌握自己最佳的读书人生阅历的平衡点。中国有一些人，不读书但是鬼精鬼精，非常聪明，也很干练，也很狡猾，甚至很有能耐，甚至比读书读得多的人还能耐。为什么读书读太多反倒显得傻呢？因为中国的现实不按书本办，书本也不一定按现实写。如果你读得太多了绝对傻，但是不读书，你的本事再大，再干练，确实还是低水平。但是每个人的平衡点不一样，钱钟书就以读书为乐，但是这个人绝对聪明，绝对不是傻子，够精，该得道了，成仙了。有的偏于务实，读的书有限，但是有限的书能够理解出花来，能用出花来。就这几本书陪他一辈子，你就觉着他的学问对他来说就相当够了，要什么有什么。每个人的平衡点不一样，但是你要找自己最佳的。现在书太多了，一年出 19 万到 20 万种新书，不要说这些书读不完，读这些书名都读不完。

还要寻找一个平衡，所谓博与专的平衡，这视个人情况而定。读书与人生有一个自相矛盾之处，我始终解释不了，我在书里写了，我给天才下一个定义：集中精力；但是我又提倡一个人应该多有几个世界。到底怎么把它解释清楚？我说不明白。有时候我到大学讲课，很多人给我提一个问题，现在大学课程要学英文，中文水平都越来越低了，可还把精力用在英语上。对此我又信又不信，信是因为错别字一大堆，中文的报纸、刊物、书籍，包括咱们自己的著作，你连看都不看，令人生气，语文水平降低活该。可是另一方面，我又想起那些历史上双语、多语的人物。外语学得好，你能有辜鸿铭学得好吗？他的中文怎么样？谁敢说比辜鸿铭的中文好呢？你外语学得好，你有林语堂学得好吗？林语堂双语著作，一些作品都是用英语写的。可是你看林语堂用中文写得怎么样？钱钟书外语也好。我想，外语越好，中文就越好，因为如果外语你一点都不懂，中文的妙处你不知道，中文的特色你不知道,必须两相参照。另外,如果你的中文基础坏,外语能学好吗?连母语,一句人话都说不清楚,你能学好外语吗?根本不可能。所以,母语好是学好外语的条件,外语好是回过头来加深母语的条件。可这是理论,是理念,具体到一个孩子身上就麻烦。

第三,好读书不求甚解。我最近也有亲身体会,不求甚解是什么意思呢?有一类特别伟大的语言,包括《道德经》里边的那些语言,比如他讲到大道,那意思是在战争当中兵器伤不着他,到了水里水淹不了,到火里火烧不了。看这个你要一较劲,就这一段你能较三年,头发白了都不能理解。我觉得这是一种审美的理想,这不是一个操作规程。

我看书,有的是为了补充自己的知识,有的是为了融会贯通。融会贯通我也举一个例子,有时候我看小说,这样的小说我已经看过许多,一个短篇或中篇小说,说这个人寻找旧友,寻找他童年时代或者少年时代最好的朋友,但见面以后,旧友已经不是当年的人,几经岁月,已经找不到当年最天真或者最爱恋、最纯美的东西了。

我既相信自然流淌,我也相信一种驱动。你没有驱动装置,不给它一定的指令,等着电脑自个儿运行绝对不可能。两者都要有。我不相信所谓下笔万言,但我也不相信为写一个字,拈断三根须。大家都讲推敲的故事,故事本身很可爱,但是不必要那么推敲,推也可以,敲也可以,不求甚解。读书也是这样。有人说苦读,苦读精神真是有,头悬梁,锥刺骨真是很感动人,什么映雪、萤火虫。可都是那么苦读我也不信,都是闲读、恬读,我也不信,学一个具体知识,背单字,没有点苦劲也是不行,没有定法。

我也买书,这些年也有别人送给我的书,所以我的书是越来越多。如果书摆在你家里,摆了20年,忽然你想起一个什么事,你想找,最后找着了,非常高兴。可能就用了3分钟,翻一下,我认为这本书就值,这也是"养兵千日,用在一时"。书也是一样,这么多书都没看,不看也别惭愧,你不能天天都看,但是如果你真想起什么事了,一下子想起来这儿还有一本书,挺满意,挺高兴。有一些怪知识,到时候一查就查出来了,真是高兴极了。就连找着那本书都很高兴,跟找着自己的"往日情人"一样,你藏在这儿了?风采依然。

读《钢铁是怎样炼成的》,激动的情形都能想起来;读赵树理的《李家

子孙才分有限,无如之何,然不可不使读书。

——(南宋)陆 游

庄的变迁》,也非常感动。但你别没事老去看,老去看感情就没了。你年轻时候看着特别好的东西不见得现在就好。有的书没必要老去看,会把一本好书看坏的。

与你共享

如果每天都看书,我们一辈子也不能把所有的书看完,所以我们只能有所选择。那么,兴趣就是我们选择的依据:好的书,反复看;一般的书,挑着看。书读多了,我们就会明白:其实哪本书都不真正属于我们,我们最需要的就是最好的。

(韩昌元)

作者简介

周国平 1945 年生于上海。中国社会科学院哲学研究所研究员。著有学术专著《尼采:在世纪的转折点上》、《尼采与形而上学》,随感集《人与永恒》,诗集《忧伤的情欲》,散文集《守望的距离》,纪实作品《妞妞:一个父亲的札记》,自传《岁月与性情》等。其大量作品以哲理性思辨为主,是当代颇具影响力的学者、作家。

开卷未必有益

□周国平

一

书籍少的时候,我们往往从一本书中读到许多东西。我们读到了书中有的东西,还读出了更多的书中没有的东西。

如今书籍愈来愈多,我们从书中读到的东西却愈来愈少。我们对书中有的东西尚且挂一漏万,更无暇读出书中没有的东西了。

二

人们总是想知道怎样读书,其实他们更应当知道的是怎样不读书。

三

一个人是有可能被过多的文化伤害的。蒙田把这种情形称作"文殛(jí)",即被文字之斧劈伤。

我的一位酷爱诗歌、熟记许多名篇的朋友叹道:"有了歌德,有了波德莱尔,我们还写什么诗!"我与他争论:尽管有歌德,尽管有波德莱尔,却只有一个我,这个我是歌德和波德莱尔所不能代替的,所以我还是要写!

开卷有益,但也可能无益,甚至有害,就看它是激发还是压抑了自己的创造力。

我衡量一本书的价值标准是:读了它之后,我自己是否也遏止不住地想写点儿什么,哪怕我想写的东西表面上与它似乎全然无关。

四

在才智方面,我平生最佩服两种人:一是有非凡记忆力的人,一是有出色口才的人。也许这两种才能原是一种,能言善辩是以博闻强记为前提的。我自己在这两方面相当自卑,读过的书只留下模糊的印象,谈论起自己的见解来也就只好寥寥数语,无法旁征博引。

不过,自卑之余,我有时又自我解嘲,健忘未必全无益处:可以不被读过的东西牵着鼻子走,易于发挥自己的独创性;言语简洁,不夸夸其谈,因为实在谈不出更多的东西;对事物和书籍永远保持新鲜感,不管接触多少回,总像第一次见到一样。如果我真能过目不忘,恐怕脑中不再有自己的立足之地,而太阳下也不再有新鲜的事物了。

为学读书,须是耐烦细心去体会切不可粗心。若曰何必读书,自有个捷径法,便是误人的深坑也。
——(南宋)朱 熹

近日读蒙田的随笔,没想到他也是记忆力差的人,并且也发现了记忆力差的这三种好处。

五

自我是一个凝聚点。不应该把自我溶解在大师们的作品中,而应该把大师们的作品吸收到自我中来。对于自我来说,一切都只是养料。

六

有两种人不可读太多的书:天才和白痴。天才读太多的书,就会占去创造的工夫,甚至窒息创造的活力,这是无可弥补的损失。白痴读书愈多愈糊涂,愈发不可救药。

天才和白痴都不需要太多的知识,尽管原因不同。倒是对于处在两极之间的普通人,知识较为有用,可以弥补天赋的不足,可以发展实际的才能。所谓"貂不足,狗尾续",而貂已足和没有貂者是用不着续狗尾的。

七

有的人有自己的独特感受,有的人却只是对别人的感受发生同感罢了。两者都是真情实感,然而是两码事。

八

读书犹如采金。有的人是沙里淘金,读破万卷,小康而已。有的人是点石成金,随手翻翻,便成巨富。

九

在读一位大思想家的作品时,无论谴责还是辩护都是极狭隘的立场,与所读对象太不相称。我们需要的是一种对话式的理解，其中既有共鸣，也有抗争。

认真说来，一个人受另一个人(例如一位作家，一位哲学家)的"影响"是什么意思呢？无非是一种自我发现，是自己本已存在但沉睡着的东西的被唤醒。对心灵所发生的重大影响绝不可能是一种灌输，而应是一种共鸣和抗争。无论一本著作多么伟大，如果不能引起我的共鸣和抗争，它对于我实际上是不存在的。

十

前人的思想对于我不过是食物。让化学家们去精确地分析这些食物的化学成分吧，至于我，我只是凭着我的趣味去选择食物，品尝美味，吸收营养。我胃口很好，消化得很好，活得快乐而健康，这就够了，哪里有耐心去编制每一种食物的营养成分表！

与你共享

有个比喻用来形容喜欢读书的人，说他们见到了好书就像饥饿的人扑向面包。如今看来，这种对知识的"饿虎扑食"不见得是好事。因为知识也分精华和糟粕，如果饥不择食地把所有的文字塞进脑袋，我们就有可能变成一个被人嘲笑的"书呆子"。

(韩昌元)

书是这一代对下一代精神上的遗训。

——[俄]赫尔岑

作者简介

冯友兰(1895~1990) 字芝生,河南唐河人。现当代哲学家、哲学史家。20世纪30年代编著《中国哲学史》两卷本,确定其作为中国哲学史学科主要奠基人的地位。该著作到目前为止仍有高校将其作为哲学教材使用。

我的读书经验

□冯友兰

　　我今年87岁了,从7岁上学起就读书,一直读了80年,其间基本上没有间断,不能说对于读书没有一点儿经验。我所读的书,大概都是文、史、哲方面的,特别是哲。我的经验总结起来有四点:(1)精其选;(2)解其言;(3)知其意;(4)明其理。

　　先说第一点。古今中外,积累起来的书真是多极了,真是浩如烟海,但是,书虽多,有永久价值的还是少数。可以把书分为三类,第一类是要精读的,第二类是可以泛读的,第三类是仅供翻阅的。所谓精读,是说要认真地读,扎扎实实地一个字一个字地读。所谓泛读,是说可以粗枝大叶地读,只要知道它大概说的是什么就行了。所谓翻阅,是说不要一个字一个字地读,不要一句话一句话地读,也不要一页一页地读。就像看报纸一样,随手一翻,看看大字标题,觉得有兴趣的地方就大略看看,没有兴趣的地方就随手翻过。听说在中国初有报纸的时候,有些人捧着报纸,就像念五经四书一样,一字一字地高声朗诵。照这个办法,一天的报纸,念一天也念不完。大多数的书,其实就像报纸上的新闻一样,有些可能轰动一时,但是昙花一现,不久就过去了。所以,书虽多,真正值得精读的并不多。下面所说的就指值得精读的书而言。

　　怎样知道哪些书是值得精读的呢?对于这个问题不必发愁。自古以来,已经有一位最公正的评选家,有许多推荐者向它推荐好书。这个选家就是时间,这些推荐者就是群众。历来的群众,把他们认为有价值的书,推荐给时间。时间照着他们的推荐，对于那些没有永久价值的书都刷下去了，把那些有永久价值的书流传下来。从古以来流传下来的书，都是经过历来群众的推荐，经过时间的选择，流传了下来。我们看见古代流传下来的书，大部分都是有价值的，我们心里觉得奇怪，怎么古人写的东西都是有价值的。其实这没有什么奇怪，他们所做的东西，也有许多没有价值的，不过这些没有价值的东西，没有为历代群众所推荐，在时间的考验上，落了选，被刷下去了。现在我们所称谓"经典著作"或"古典著作"的书都是经过时间考验，流传下来的。这一类的书都是应该精读的书。当然随着时间的推移和历史的发展，这些书之中还要有些被刷下去。不过直到现在为止，它们都是榜上有名的，我们只能看现在的榜。

我们心里先有了这个数，就可随着自己的专业选定一些需要精读的书。这就是要一本一本地读，所以在一段时间内只能读一本书，一本书读完了才能读第二本。在读的时候，先要解其言。这就是说，首先要懂得它的文字；它的文字就是它的语言。语言有中外之分，也有古今之别。就中国的汉语笼统地说，有现代汉语，有古代汉语，古代汉语统称为古文。详细地说，古文之中又有时代的不同，有先秦的古文，有两汉的古文，有魏晋的古文，有唐宋的古文。中国汉族的古书，都是用这些不同的古文写的。这些古文，都是用一般汉字写的，但是仅只认识汉字还不行。我们看不懂古人用古文写的书，古人也不会看懂我们现在的《人民日报》。这叫语言文字关。攻不破这道关，就看不见这道关里边是什么情况，不知道关里边是些什么东西，只好在关外指手画脚，那是不行的。我所说的解其言，就是要攻破这一道语言文字关。当然要攻这道关的时候，要先作许多准备，用许多工具，如字典和词典等工具书之类。这是当然的事，这里就不多谈了。

中国有句老话说是"书不尽言，言不尽意"，意思是说，一部书上所写的总要比写那部书的人的话少，他所说的话总比他的意思少。一部书上所写的总要简单一些，不能像他所要说的话那样啰嗦。这个缺点倒有办法可以克服。只要他不怕啰嗦就可以了。好在笔墨纸张都很便宜，文章写得啰嗦一点儿无非是多费一点儿笔墨纸张，那也不是了不起的事。可是言不尽意那种困难，就没有法子克服了。因为语言总离不了概念，概念对于具体事物来说，总不会完全合适，不过是一个大概轮廓而已。比如一个人说，他

读有字书，却要识没字理。

——（明）鹿善继

牙痛。牙是一个概念,痛是一个概念,牙痛又是一个概念。其实他不仅止于牙痛而已。那个痛,有一种特别的痛法,有一定的大小范围,有一定的深度。这都是很复杂的情况,不是仅仅牙痛两个字所能说清楚的,无论怎样啰嗦他也说不出来的,言不尽意的困难就在于此。所以在读书的时候,即使书中的字都认得了,话全懂了,还未必能知道作书人的意思。从前人说,读书要注意字里行间,又说读诗要得其"弦外音,味外味"。这都是说要在文字以外体会它的精神实质。这就是知其意。司马迁说过:"好学深思之士,心知其意。"意是离不开语言文字的,但有些是语言文字所不能完全表达出来的。如果仅只局限于语言文字,死抓住语言文字不放,那就成为死读书了。死读书的人就是书呆子。语言文字是帮助了解书的意思的拐棍。既然知道了那个意思以后, 最好扔了拐棍。这就是古人所说的 "得意忘言"。在人与人的关系中,过河拆桥是不道德的事。但是,在读书中,就是要过河拆桥。

上面所说的"书不尽言,言不尽意"之下,还可再加一句"意不尽理"。理是客观的道理;意是著书的人的主观认识和判断,也就是客观的道理在他的主观上的反映。理和意既然有主观客观之分, 意和理就不能完全相合。人总是人,不是全知全能。他的主观上的反映、体会和判断,和客观的道理总要有一定的差距,有或大或小的错误。所以,读书仅至得其意还不行,还要明其理,才不至于为前人的意所误。如果明其理了,我就有我自己的意。我的意当然也是主观的,也可能不完全合乎客观的理。但我可以把我的意和前人的意互相比较,互相补充,互相纠正。这就可能有一个比较正确的意。这个意是我的,我就可以用它处理事务,解决问题。好像我用我自己的腿走路,只要我心里一想走,腿就自然而然地走了。读书到这个程度就算是能活学活用,把书读活了。会读书的人能把死书读活;不会读书的人能把活书读死。把死书读活,就能把书为我所用,把活书读死,就是把我为书所用。能够用书而不为书所用,读书就算读到家了。

从前有人说过:"六经注我,我注六经。"自己明白了那些客观的道理,自己有了意,把前人的意作为参考,这就是"六经注我"。不明白那些客观的道理,甚至于没有得古人所有的意,而只在语言文字上推敲。那就是"我注六经"。只有达到"六经注我"的程度,才能真正地"我注六经"。

与你共享

很多时候,不是为什么要读书在困扰我们,而是该读什么书在困扰我们。现在,老先生冯友兰用简练的答案告诉我们:时间就是选择家,群众就是推荐者,他们合力举荐的就是经典。面对经典,我们解其言,知其意,明其理,这就是读书的经验。

(韩昌元)

作者简介　陈平原　1954年生,广东潮州人。北京大学中文系教授,博士生导师。出于学术民间化的追求,1991年起与友人合作主编人文研究集刊《学人》和文学研究集刊《文学史》。著有《北大精神及其他》、《千古文人侠客梦》、《书生意气》、《阅读日本》、《书里书外》等。

作为一种生活方式的"读书"（节选）

□ 陈平原

一、读书的定义

什么叫"读书",动词还是名词,广义还是狭义,是"万般皆下品,唯有读书高"的读书,还是"学得好不如长得好,长得好不如嫁得好"的读书?看来,谈论"读书",还真得先下个定义。

"读书"是人生中的某一阶段。朋友见面打招呼:"你还在读书?"那意思是说,你还在学校里经受那没完没了的听课、复习、考试等煎熬?可如果终身教育的思路流行,那就可以坦然回答:活到老学到老,这么大年纪,还

读书有时是避免思考的一种巧妙方法。
——［英］赫尔普斯

"背着那书包上学堂",一点儿也不奇怪。

"读书"是社会上的某一职业。什么叫以读书为职业?就是说,不擅长使枪弄棒,也不是"商人重利轻别离,前月浮梁买茶去"。过去称读书郎、书生,现在则是教授、作家、研究员,还有许多以阅读、写作、思考、表达为生的。

"读书"是生活中的某一时刻。"都什么时候了,还手不释卷?"意思是春节放假,你还沉湎书海,不出外游览,也不到歌厅舞厅玩乐。

"读书"是精神上的某一状态。在漫长的中外历史上,有许多文化人固执地认为,读不读书不仅关涉举动,还影响精神。商务印书馆出版加拿大学者曼古埃尔所撰《阅读史》(2002),开篇引的是法国作家福楼拜 1857 年的一句话:"阅读是为了活着。"这么说,不曾阅读或已经告别阅读的人,不就成了行尸走肉?这也太可怕了。还是中国人温和些,你不读书,最多也只是讥笑你俗气、懒惰、不上进。宋人黄庭坚《与子飞子均子予书》称:"人胸中久不用古今浇灌之,则俗尘生其间,照镜觉面目可憎,对人亦语言无味也。"问题是,很多人自我感觉很好,照镜从不觉得面目可憎,这可就麻烦大了。

这四个定义都有道理,得看语境,也看趣味。以前说"学而优则仕",现在变了,是"仕而优则学"——这后一个"学",当然是装模作样的了,"官大学问大"嘛。中国特有的学历高消费让人哭笑不得。如果有一天,连学校里看大门的也都有了博士学位,那绝不是中国人的骄傲。眼看着很多年轻人盲目"考博",我心里凉了半截,我当然晓得,都是找工作给逼的。这你就很容易明白,很多皓首穷经的博士生一踏出校门,就再也不亲近书本了,还美其名曰"实践出真知"。

想到这些,我才格外欣赏那些不为文凭,凭自家兴趣读书的人。在北大教书,自然是看好自己的学生;可对那些来路不明的旁听生,我也不敢轻视,总是睁一只眼闭一只眼,只要不影响正常的教学秩序,教室里有位子,你尽管坐下来听。这种不太符合校规的通融,其实更适合孔夫子"有教无类"的设想。

拿学位必须读书,但读书不等于拿学位。这其中的距离,何止十万八千里。1917 年,蔡元培到北大当校长,开学演讲时,专门谈这个问题,希望学生们以学问为重,不要将大学看做文凭贩卖所。第二年开学,蔡先生再次强调:"大学为纯粹研究学问之机关,不可视为养成资格之所,亦不可视为贩卖知识之所。"日后回想北大十年,蔡先生很得意,以为他改变了中国人对于大学的想象。现在看来,蔡先生还是过于乐观了,"贩卖知识之所"的大学以及视大学为"养成资格之所"的学生,当今中国,比比皆是。

大致感觉是,今日中国,"博士"吃香,但"读书人"落寞。所谓"手不释卷",变得很不合时宜了。至于你说读书能"脱俗",人家不稀罕;不只不忌讳"俗气",还以俗为雅,甚至"我是流氓我怕谁"。

二、读书的乐趣

在重视学历的现代社会,读书与职业之间存在着某种联系。大学里,只讲修身养性固然不行,可都变成纯粹的职业训练,也未免太可惜了。理想的状态是,不只习得精湛的"专业技能",更养成高远的"学术志向"与醇厚的"读书趣味"。

读书必须求解,但如何求解,有三种可能性:好读书,不求甚解——那是名士读书;好读书且求甚解——那是学者读书;不读书,好求甚解——这叫豪杰读书。后面这句,是对于晚清"豪杰译作"的戏拟。自由发挥,随意曲解,虽说别具一格,却不是"读书"的正路。

陶渊明的"好读书,不求甚解",必须跟下面一句连起来,才有意义:"每有会意,便欣然忘食。"这里关注的是心境。所谓"古之学者为己,今之学者为人",如何解说?为自家功名读书,为父母期待读书,或者为祖国富强而读书,都有点儿令人担忧。为读书而读书——据叶圣陶称,郑振铎谈及书籍,有句口头禅"喜欢得弗得了"——那才叫真爱书,真爱读书。读书这一行为自身,也就有了意义,不必以"黄金屋"或"颜如玉"来当药引。将读书作为获取生活资料的手段, 或者像龚自珍自嘲的那样,"著书都为稻粱谋",那都是不得已而为之。

古之学者,读书有得,忍不住了,只好著述;今之学者,则是为著述而读书。今日中国,学术评价制度日渐刻板,学美国,"不出版,就死亡"。于是,大家见面,不问读了什么好书,只问出了什么新书,还有申请到什么课

读书使人充实,讨论使人机智,笔记使人准确。
——[英]弗兰西斯·培根

题。真不知道如果不报课题，还读不读书。我的感觉是，这种为著述而读书的习惯，很容易使阅读失去乐趣。

作为学者，你整天手不释卷，如果只是为了找资料写论文，也会走向另一极端，忘记了读书是一件很愉快的事情。我自己也有这样的教训。十几年前，为了撰写《千古文人侠客梦》，我猛读了很多好的、坏的武侠小说。读伤了，以致很长时间里一见到武侠小说就头疼。真希望有一天，能完全卸下学者的盔甲，自由自在地读书。我写过两本闲书《阅读日本》和《大英博物馆日记》，那不是逞能，而是希望自己能恢复对于未知世界的好奇心以及阅读乐趣。

阅读这一行为，在我看来，本身就具备某种特殊的韵味，值得再三玩赏。在这个意义上，阅读既是手段，也是目的。只是这种兼具手段与目的的阅读，并非随时随地都能获得。在《大英博物馆日记》的后记中，我引了刘义庆《世说新语·任诞篇》里的王子"猷(yóu)夜访戴安道"的故事。真希望"读书"也能到达这个境界："吾本乘兴而行，兴尽而返。"何必考试？何必拿学位？何必非有著述不可？当然，如此无牵无挂、自由自在地"读书"是一种理想境界，现实生活中很难实现。但虽不能至，心向往之。

陶渊明所说的"每有会意，便欣然忘食"，是很多读书人的共同体会；不仅"忘食"，还可能忘了生死。刚才提到的《阅读史》中，有一幅摄于1940年伦敦大轰炸期间的照片，很感人。坍塌的图书馆，靠墙的书架并没倒下，瓦砾堆中，三个男子还在怡然自得地阅读。这固然是对抗厄运，坚信未来，但也不妨解读为："阅读"已经成为必要的日常生活，成为生命存在的标志。这本书中穿插了大量关于书籍以及阅读的历史图像，很好看；遗憾的是，关于中国的只有一幅16世纪的版刻，描述秦始皇焚书情景。

三、读书的策略

读书，读什么书？读经典还是读时尚，读硬的还是读软的，读雅的还是读俗的，专家各有说法。除此之外，还牵涉到不同的学科。我的建议是，读文学书。为什么？因为没用。没听说谁靠读诗发了大财，或者因为读小说当了大官。今人读书过于势利，事事讲求实用，这不好。经济、法律等专业书籍很重要,这不用说,世人都晓得。我想说的是,审美趣味的培养以及精神探索的意义同样不能忽略。当然,对于志向远大者来说,文学太软弱了,无法拯世济民;可那也不对,你想想鲁迅存在的意义。

两年前,香港学者饶宗颐先生在北大演讲,提到法国汉学家戴密微跟他说的两句话:中国文学世界第一;研究中国,从文学入手是最佳途径。公开发表时,这两句话都被删去了,大概是怕引起不必要的误解,以为是挟洋人以自重。可后面这句,其实很在理。从文学入手研究中国,照样可以广大,可以深邃。而且,我特别看重一点:从文学研究入手,容易做到体贴入微,有较好的想象力与表达能力。所有这些都并非可有可无,不是装饰品,而是直接影响你的学问境界与生活趣味。你看外国著名的哲学家、思想家的著作中对于文学经典的引述与发挥,你就明白,中国学者对于文学的阅读,普遍不是太多,而是太少、太浅。

中国传统文化博大精深,确实应该发扬光大,因此,建国学院,修清史,编《儒藏》,我都没意见。我想提醒的是,今天谈"传统",有两个不同的含义。晚清以降,中国人与西学对话、抗争、融合,并因此而形成的新文化,已经是一个不容忽视的新的传统。比如,谈文学,你只讲屈原、李白、杜甫、关汉卿、曹雪芹,不讲鲁迅,行吗?说到现代文学,因为是我的老本行,不免多说两句。不是招生广告,而是有感而发。尽管我也批评"五四"新文化人的某些举措,但反对将"文化大革命"的疯狂归咎于"五四"的反传统。随着中国经济实力以及国际地位的迅速提升,很多人开始头脑发热,大谈"民族自信心",听不得任何批评的声音。回过头来指责"五四"新文化人的反叛与抗争,嘲笑鲁迅的偏激与孤独。我理解这一思潮的变化,但也警惕可能的"沉渣泛起"。

说到读书的策略,我的意见很简单:第一,读读没有实际功用的诗歌、小说、散文、戏剧等;第二,关注跟今人的生活血肉相连的现当代文学;第三,所有的阅读,都必须有自家的生活体验做底色,这样,才不至于读死书,读书死。

古今中外,"劝学文"汗牛充栋,你我都听了,效果如何?那么多人真心诚意地"取经",但真管用的很少。这里推荐章太炎的思路,作为演讲的结语。章先生再三强调,平生学问,得之于师长的,远不及得之于社会阅历以

人要读书,哪怕是读一本笑话书,也比不读书要好。
——[英]查斯特菲尔德

及人生忧患的。《太炎先生自定年谱》"1910年"条有言:"余学虽有师友讲习,然得于忧患者多。"而在1912年的《章太炎先生答问》中,又有这么两段:"学问只在自修,事事要先生讲,讲不了许多","曲园先生,吾师也,然非作八股,读书有不明白处,则问之。"合起来,就三句话:学问以自修为主;不明白处则问之;将人生忧患与书本知识相勾连。借花献佛,这就是我所理解的"读书的诀窍"。

与你共享

为学位读书,一门一门一课一课,这是一种程式;为知识读书,选章择句还冥思苦想,这是一种策略;凭兴趣读书,孜孜不倦而持卷独立,这是一种境界。这些都是不同的读书方式。只有当我们的生活离不开书时,读书才是一种生活方式。而这也正是读书的本质。

(韩昌元)

作者简介　李四光(1889~1971)　蒙古族,湖北黄冈人。原名李仲揆(kuí),因在一次填写报名表时,误将年龄"十四"填入姓名栏,随即灵机一动将"十"改为"李",又在后面加了个"光"字,从此便以"李四光"传名于世。著名地质学家。著有《中国地质学》、《地震地质》等。

读书与读自然书

□李四光

什么是书?书就是好事的人用文字或特别的符号,或兼用图画将天然的事物或著者的理想(幻想、妄想、滥想都包在其中)描写出来的一种东西。这个定义如若得当,我们无妨把现在世界上的书籍分做几类:(甲)原著,内含许多著者独见的事实,或许多新理想新意见,或二者兼而有之;(乙)集著,其中包罗各专家关于某某问题所搜集的事实,并对于同项问题所发表的意见,精华丛聚,配置有条,著者或参以己见,或不参以己见;(丙)选著,择录大著作精华,加以锻炼,不遗要点,不失真谛;(丁)窃著,拾取一二人的唾馀,敷衍成篇,或含糊塞责,或断章取义。窃著者,名者书盗。假若秦皇再生,我们对于这种窃著书盗,似不必予以援助。各类的书籍既是如此不同,我们读书的人应该注意选择。

什么是自然?这个大千世界中,也可说是四面世界中所有的事物都是自然书中的材料。这些材料最真实,它们的配置最适当。如若世界有美的事,这一大块文章,我们不能不承认它再美没有。可惜我们的机能有限,生命有限,不能把这一本大百科全书一气读完。如是学"科学方法"的问题发生,什么叫做科学的方法?那就是读自然书的方法。

书是死的,自然是活的。读书的工夫大半在记忆与思索(有人读书并不思索,我幼时读四子书就是最好的一个例)。读自然书,种种机能非同时并用不可,而精确的观察尤为重要。

读书是我和著者的交涉,读自然书是我和物的直接交涉。所以读书是间接的求学,读自然书乃是直接的求学。读书不过为引人求学的头一段工夫,到了能读自然书方算得真正读书。只知道书不知道自然的人名曰"书呆子"。

世界是一个整体,各部分彼此都有密切的关系,我们硬把它分做若干部分,是权宜的办法,是对于自然没有加以公平的处理,大家不注意这种办法是权宜的,是假定的,所以酿出许多科学上的争论。Ievons 说按期经济的恐慌源于天象,人都笑他,殊不知我们吃一杯茶已经牵动太阳,倒没有人引以为怪。

我们笑腐儒读书,断章取义咸引为戒。今日科学家往往把他们的问题缩小到一定的范围,或把天然连贯的事物硬划做几部分,以为在那个范围里的事物弄清楚了的时候,他们的问题就完全解决了,这也未免在自然书中断章取义。这一类科学家的态度,我们不敢赞同。

我觉得我们读书总应竭我们五官的能力(五官以外还有认识的能力

与否我们现在还不知道)去读自然书,把寻常的读书当做读自然书的一个阶段。读自然书时我们不可忘却,我们所读的一字一句(即一事一物)的意义还视全节全篇的意义为意义,否则成一个自然书呆子。

与你共享

　　无论我们读了多少书,最终还是要把读来的东西回归自然和生活当中。可笑的是,有很多人一头扎进书的海洋,就再也游不上岸。对他们,我们冠以"书呆子"、"书痴"等称号。而我们像李四光那样把书里最好的东西用到现实生活中,才是最正确的读书方式。　　　　　　　　(韩昌元)